社会主义核心价值体系建设

"双百"出版工程

项 目

100位

新中国成立以来感动中国人物

吴登云

矫　健/著

吉林出版集团 | 吉林文史出版社

《100位新中国成立以来感动中国人物》丛书

编 委 会

主　任　　何建明　蒋建农　高　磊

副主任　　孙云晓　徐　潜　张　克　王尔立

编　委　　王久辛　杨大群　黄晓萍　申　剑

　　　　　褚当阳　刘玉民　王小平　相南翔

　　　　　夏冬波　刘忠义　高　飞　陈　方

　　　　　阿勒得尔图　陈富贵

前 言

　　每个人的心中都多少有一点英雄情结，都向往英雄、景仰英雄。也正因此，在中华人民共和国建国六十周年之际，由中央十一部委联合组织开展的"100位为新中国成立作出突出贡献的英雄模范人物和100位新中国成立以来感动中国人物"的评选活动中，群众参与投票总数近一亿。这其中的每一张选票，都表达了人们对英雄模范的崇敬之情，寄托着对伟大祖国的美好祝福。

　　一个民族不能没有英雄，否则这个民族就不会强大。当国家危难之时，懦弱者选择了逃避、妥协甚至投降，英雄们却挺身而出，用热血捍卫民族的尊严，人民的幸福。在创立和建设新中国的伟大历程中，涌现出无数可歌可泣的英雄模范人物。他们之中，有为了民族独立和人民解放而英勇牺牲的革命先烈，有为了党和人民的事业而不懈奋斗的优秀共产党员，有在全民族抗战中顽强奋战、为国捐躯的爱国将士，有英勇杀敌的战斗英雄和革命群众，有积极从事进步活动的著名民主爱国人士和国际友人……他们是民族的脊梁、祖国的骄傲，是激励全体人民团结奋斗的精神力量。

　　《100位新中国成立以来感动中国人物》丛书，就像一部星光璀璨的英雄谱，真实、完整地记录了英雄模范人物不平凡的一生，再现了他们非凡的人格魅力和精神世界。舍身堵枪眼的黄继光，拼命也要拿下大油田的王进喜，中国原子弹之父邓稼先，新时期领导干部的楷模孔繁森……一串串闪光的名字，一个个动人的故事，犹如群星闪烁，光耀中华。

　　当今中国正处于伟大变革的时代，迫切需要涌现出一大批勇于承担历史使命、为祖国和人民奉献一切的先进人物。在"双百"人物崇高精神的引领下，在建设社会主义现代化国家的征程中，必将英雄辈出。

生平简介

吴登云，男，汉族，江苏省高邮市人，中共党员。1940年出生，原新疆克孜勒苏柯尔克孜自治州乌恰县人民医院院长。

吴登云大学毕业后，响应党的号召，志愿来到祖国版图最西端的乌恰县工作。他热爱边疆，扎根边疆，建设边疆，多次放弃回家乡或条件较好地方工作的机会，以高尚的医德和精湛的医术，忘我工作，无私奉献。为了抢救民族兄弟，他先后无偿献血30余次计7000多毫升；为抢救烧伤的婴儿，他从自己腿上割下13块皮肤移植到患者身上。他充满仁爱之心，只要有病人求医，不管多远，都随叫随到，遇到经济贫困的病人，还帮助垫支医药费。乌恰县地广人稀，牧民缺医少药，从上世纪60年代初到80年代末，他每年都要花三四个月的时间，翻山越岭，风餐露宿，深入到牧区巡诊和防疫，足迹踏遍了全县9个乡的30多个自然村，给草原人民带去了生命的阳光，受到当地各族干部群众的衷心爱戴，被誉为"白衣圣人"、"马背医生"。为了更好地为各族群众治病，改变当地的医疗卫生状况，他刻苦钻研医学知识，努力学习少数民族语言，精心培养少数民族医务骨干，一大批柯尔克孜族医生迅速成长起来。他是中共十六大、十七大代表，荣获全国五一劳动奖章和白求恩奖章。

1940-

[WUDENGYUN]

◀吴登云

目 录 MULU

为何称他"白衣圣人"（代序）

　　在帕米尔高原偶有所得，写下这样一段话："高原上有条路通往外界。几十年来，有不少人从内地的许多地方，顺着这条路走进来。在这儿做事，在这儿生儿育女。有的人老了，最后剩下一把骨头也埋在荒野里。他们是高原的一部分。也有一些人，当初顺着这条路走进来，在这儿干了几年，觉得待不住，又顺着原路回去了。他们给高原留下一个背影。"

　　这段话后来我写入《走进帕米尔》。这段话当然不是凭空产生的，它反映了我内心的一些真实感受。

　　这些日子，我总在回想十二年前的那个五月，走进高原的情景。

　　那儿有一种说法：一年一场风，从春刮到冬。那天也不例外，有风，还有点儿冷。在乌恰县城入口处，一大群人冒着寒风跑出几公里，站在这里等候采访团的到来。柯尔克孜族兄弟姐妹恭恭敬敬向来人微笑。他们端着精美的风味食品请客人品尝，小伙子拉着手风琴，姑娘们唱起动人的歌声。那歌声犹如天籁，难以言传，整个高原醉了。

　　这一切难道是有意做给什么人看吗？显然不是。高原人洋溢的那种发自内心的情愫，和人为摆弄的花架子压根是两码事，这一眼就能看出。

他们饱含深情地唱道：

永远深爱人民，

从未亏过人心。

你是生命的守护神，

对你我们感激不尽。

愿你这位白衣圣人永远健康长寿！

这首歌是特意唱给吴登云的。

平心而论，对于我们那两只饱受无病呻吟之苦的耳朵来说，这样的歌声让人刻骨铭心。可以说，只有质朴的高原人才能唱出这样的歌。他们喜欢朴素，所有的美好祈盼都在其中。

我们需要经常听听这样的歌。

他走进一片什么地方

→ 一个不太容易去的地方

★★★★★

1999 年 5 月 12 日 21 时，新疆航空公司由乌鲁木齐飞往喀什的图 –154 客机正点起飞。我乘这次航班抵达喀什后，将改乘汽车进入帕米尔高原上的乌恰县。

机上还有京城来的二十几位记者，他们此行的驻足地跟我一样，而且也都是为了同一个目标——采访一位在高原上奔波了三十多年的汉族医生。

他叫吴登云，是乌恰县医院院长。

飞机钻出云层，爬升到万米左右的平稳高度，随即拉开近两个小时的行程。天还亮着，机翼划拨着云海，波翻涛涌，给人平添几分豪情。

想想万米高空下的景物你会吃惊，横空出世的莽莽昆仑，浩瀚无际的塔克拉玛干沙海，美妙绝伦的克孜尔壁画，湮灭沙尘的古老城堡……噢，还有一把钥匙，一把解读世界文化的钥匙，就埋在塔里木河流域。国外一位著名学者说："若能找到这把钥匙，那世界文化的奥秘就揭开了。"

乘坐现代化交通工具，遨游在曾会聚世界文明的秘境上空，我思绪万千。

打开手头的地图册，我看到乌恰。如果按照那个传统的说法，她正好是中国这只"雄鸡"的"尾巴"。假若从北京顺着铁路朝西走，要走出五千多公里才能到达此地。她与北京的时差有整整三个小时，是祖国日落最晚的地方。她守护着祖国的西门口。与吉尔吉斯斯坦共和国接壤，与塔吉克斯坦、乌兹别克斯坦、阿富汗等许多中亚国家毗邻，边境线长达四百七十多公里。她南靠昆仑，北接天山，史称"葱岭"。帕米尔为古波斯语，意思为"世界屋脊"。

天色暗下来。窗外像有团团浓雾裹着，什么也看不清楚。22时30分广播上传来播音小姐纤细柔和的声音："各位乘客，飞机就要降落了，请您系好安全带。靠窗的旅客请打开遮光板……"

飞机正在降低高度。突然一阵猛烈的颤抖，机身又升起来。仿佛在喀什的上空盘旋，又好像不再打算降落，朝另一个目标奔去。

天完全黑了，舱内听到风的吼声，发动机的轰鸣显得沉闷。飞机还在颠簸着。一些人焦灼不安，一些人开始呕吐。京城的一位女记者吐得脸色泛白，惨不忍睹。事后得知，此时喀什地面刮 8 级大风，飞机无法着陆。而一个多钟头以前还什么事都没有。

这就是老天的事了。听说这么多人要走进高原，撂下点儿小麻烦，试探你一下，探探你的虚实，看你是否心诚。

事实恐怕真的这样。因为各种各样的缘由，或者太多太多的诱惑，总之，对不少人来说，尽管多少次在高原上走来走去，却未必有一次走进秘境。是的，他们往往漫不经心地滑过和错失。

在黑夜里颠簸了四个多小时，飞机终于在马兰机场降落。大家在马兰过夜。第二天一早重新登机，直奔喀什，风停了，天晴了，老天露出了温和的笑脸。

→ 颠簸多日他到了县城

★★★★★

岁月，我们始终无法完美解释的一个词汇。没有什么东西能挡得住它，它来无踪，去无影。随着它的流逝，一个人的头发白了，脸上也刻满褶皱。

头一回见到吴登云，你看不出他是干哪一行的。如果不穿白大褂，他似乎更像饱经沧桑的老农。不到60岁的人，脸黑了，背驼了，谢顶了，还有那双粗糙不堪的大手，都可看出是在高原上泡了36年所得到的馈赠。

20世纪50年代初，一位高层领导人号召七尺男儿，有句很响亮的话："过了嘉峪

△ 如今的乌恰县医院已是绿荫环绕

关就是英雄！"

这句话不仅响亮，也充溢着理想和阳刚之气。为了祖国的利益，成千上万优秀儿女走向天山南北。有一支先遣连进入阿里，异常恶劣的高原气候让许多官兵倒下了，就再也没能爬起来，连骆驼和军马也未能幸免。但随后更多的热血男儿又跟了上来，他们踏着前人的足迹，越过嘉峪关，开到西部蛮荒之地，闯出新的人生。

吴登云就是这批人中的一个。

他是江苏高邮人。1963 年从扬州医学专科学校毕业后，他怀揣天高任鸟飞的远大志向，告别秀山绿水一路向西，来到祖国的最西部。

这种时刻总是难忘的。大卡车上围成一圈儿，每人坐着自己儿的铺盖卷儿，一路弥漫在灰尘之中，这就是当年的长途旅行。从乌鲁木齐到阿图什颠簸了六天，下了车谁也认不出谁来，脸上厚厚一层沙土，只见两只眼睛忽闪忽闪。

阿图什找不到去乌恰的车，吴登云又到了喀什，在那儿他搭上一辆拉煤的便车。约摸三四个钟头过去，驾驶员停车朝前一指："到了，那就是县城。"

吴登云以为听错了，怔怔地愣了一会儿，不对吧？这是个村子嘛。

驾驶员有些不耐烦："错不了，快下车吧。"

怨不得吴登云疑惑，他心目中的县城从来就没有过这般模样。他背上行李在县城里转了转，顿时一目了然：一条土街、两排土房，连个十字路口都找不见。

走进医院的时候，他觉得心里没着没落的。

→ 当时的医院和医生

★★★★★

三个医生八间病房，这就是当时的县医院。

歇息了一天，吴登云就上班了。心理上还没调整过来，时差也不适应，他迷迷瞪瞪走进门诊室。这才知道难题还在后头。

首先是语言障碍。刚一进门就有病人，叽里呱啦的，什么也听不懂。院长临时抓来一个小护士当翻译，她是哈萨克族人，那半拉子汉语勉强对付，看一个病人要折腾半天。

最让他头疼的还不是这个。医院不分

科，什么病人都来找他，这就抓瞎了。

他跑去找院长："我不会看那么多啊！"

院长也无可奈何："不会也得看，门诊上只有一个医生。"

看来这是没办法的事，只有靠自己多吃点儿苦了。

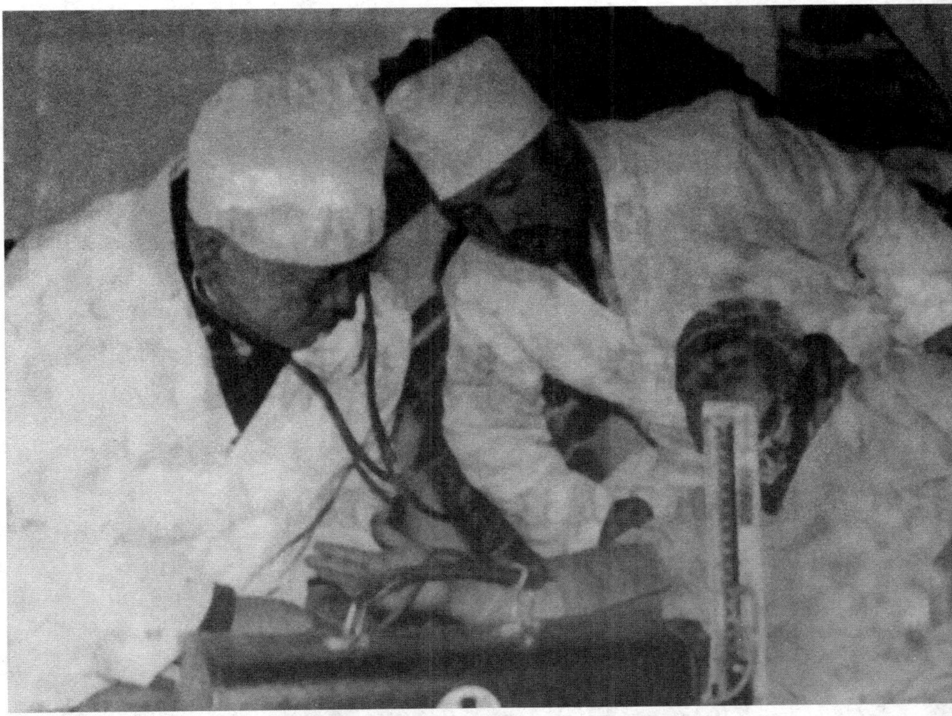

△ 当了院长的吴登云，仍像当年一样经常到各族群众的家中为他们解除病痛

他开始学柯尔克孜语。靠强记硬背，他先是掌握了人体各部位的说法，半年之后居然能用柯尔克孜语跟病人作简单交流了。

人们不可想象，这位 23 岁的年轻人从万里之外走进高原，是这样开始白衣生涯的。他把一本《医生手册》藏在抽屉里，病人来了，一边听一边翻书，尽快找出症结，而后对症下药。有时看似普通的症状实际上很难把握。就说恶心呕吐吧，可能是食物中毒，也可能是肠胃炎，又可能是胆囊炎，还可能是阑尾炎，还可能是胃穿孔……

这种时候，开过处方心里不踏实。他就私下记住病人住址，晚上抽空跑到病人家里看看用药后的情况如何，对家在乡下的病人他会叮嘱："我姓吴，家就在这儿。如病情加重，随时来找我。"

高原人眼里的"都呼特"

★★★★★

　　吴登云骑上马已经走了整整两天了。

　　他很喜欢骑马的滋味儿。把脚伸进马镫的那一刹那，他感觉特别好。医院里养了四五匹马，为他选的是一匹挺老实的走马。走马好，走起路来"嘚嘚嘚嘚"那种味道，那种激情，没法言传。怪不得柯尔克孜族老乡待马那么亲热。

　　他身边就有一位柯尔克孜族小伙子，是州防疫站的卫生员，他们一块儿去牧区监视疫情、巡回医疗。卫生员医疗知识懂得不多，但很懂马，心肠也热，他和吴医生在一起觉得挺对脾气。走出一阵儿马要撒尿，他赶紧叮嘱："让它尿，让它尿。可不能赶它，一赶它就再也尿不出来了。"

走出乌鲁克恰提十几公里，他们在一片沙

△ 几十年来，不管是风雪交加的严冬，还是酷热难耐的盛夏，吴登云骑马走遍了乌恰的千家万户，为各族群众送医送药

棘林中停下来。吴登云要饮马，卫生员赶忙阻止："可不能让它喝。"吴登云不解："这是为什么？它渴了。"

卫生员告诉他，马走了一身汗要等一会儿，饮完就不能停。

"那就把马鞍揭掉吧，让它也歇歇。"吴登云说。

"不能揭。它身上是湿的，一揭，马背就烂了。"卫生员又教他一招。

不知怎的，吴登云很感动。

他拴住马，让自己也轻松一下。

这时才发现，他面对的是个什么世界。遥远的群山上面是蓝天白云，沟谷淌着的河流像一条宽宽的丝带，泛着银白色的光芒。眼前的树林挂满了红果，小鸟唧唧喳喳，不时有野兔出没林丛。林中路旁长着密密丛丛的芨芨草，还有艾蒿和茵陈。这一切他觉得特别亲切，也特别激动。

走出沙棘林，他们又走了大半天来到吉根乡。他们住进柯尔克孜族老乡家。

这是一个艰苦的年代。整个国家都很苦，这儿更苦。山区老乡的口粮七成是青稞面，白面很有限。他们几乎不吃蔬菜，只喝酸奶。公社书记是汉族人，他专门从县城带回点儿白菜和菠菜，老乡看见，露出不解的神色，说书记把草带回来了。

不过，老乡心很诚。你下了马，他牵走。等马慢慢吃饱了肚子，他牵回来交到你手上。临走时，他还扶你上马送一程。

那天晚上，吴登云受到很高的礼遇。老乡把仅有的一点儿白面拿出来做面条，盛了一盘加酸奶一拌，让他往饱里吃。在贫寒的山区，这实在是稀罕食品。存上几斤白面平时舍不得吃，等到贵客登门才一块儿享用，这是柯尔克孜族人的传统。

可是吴登云吃不下。卫生员没说的，很快吃进两碗，吴登云对他的胃口十分羡慕。自己却吃不惯，他吃了不到一小碗，就把筷子轻轻放下了。

乡亲们听说"都呼特"（医生）来了，都上门瞧瞧。他们中的很多人，从来没见过医生。先是老汉来了，把衣服撩开让吴医生听一听。听完，说声"热合麻特"（谢谢），就心满意足地离去。接着老太婆也来了。后来，大姑娘、小伙子一拨一拨地都来找吴医生瞧瞧，有病没病倒不显得多么紧要，大家都觉得十分新鲜和好奇。

"没有他们我就不会有今天"

★★★★★

　　乌恰县这个高原小镇，给高邮来的年轻医生吴登云留下的印象太深刻了，大大超出了他的想象。有人说，只要是能在乌恰住下来，就是一种奉献。这话对于内地支边来的人来说，一点儿不假。现在几十年过去了，吴登云已全部融入乌恰，已把这里作为他的第二故乡。但是回首往事，他并不忌讳当时思想上的波动。别的不说，光是一日三餐的牛肉、羊肉、牛奶，不见一点儿蔬菜，就着实让他这个吃惯了米和菜的江苏人犯了难。

　　生活上的不习惯，气候上的不适应，工

作上遇到的困难，这一切汇到一起，让刚来乌恰的吴登云一下子勾起了对家乡的思念。心里有一种说不出的滋味，而且也不知向谁去说。夜里，他躺在床上，年轻人的那一腔壮志，竟变成了暗暗流下的热泪。他在想："这一生难道就要在这样的高原小镇度过吗？"

要说偏远山区缺医少药，而乌恰根本就是无医无药，这种状况过去吴登云在学校时连想都不敢想。而柯尔克孜族老乡的"实在"也着实让吴登云吃了一惊。

那还是吴登云第一次独立做手术——扁桃体摘除。谁都知道，这是一个小手术。一个熟练医生正常情况下，也就是五分钟到十分钟的事。也许是有些紧张，加上不熟练，麻药打下去后，折腾了半天也取不出来。吴登云一下子急出了一身汗。他心里发慌，觉着对不住病人，就不时地问："能受得了吗？"这位柯尔克孜族老乡却说："吴医生，不着急，慢慢做，我能忍得住。"吴登云觉得心里一热，还有什么比这朴实的话更能让医生感到心理上的安慰呢？

一次吴登云下乡巡诊，遇上一个急性阑尾炎的病人，必须立即手术。要说切除阑尾，也是一个小手术。可世界上的事就怕个"意外"，而这"意外"还真让吴登云赶上了。腹腔打开了，吴登云半天也找不到阑尾。吴登云心里又急又怕。要知道，这可

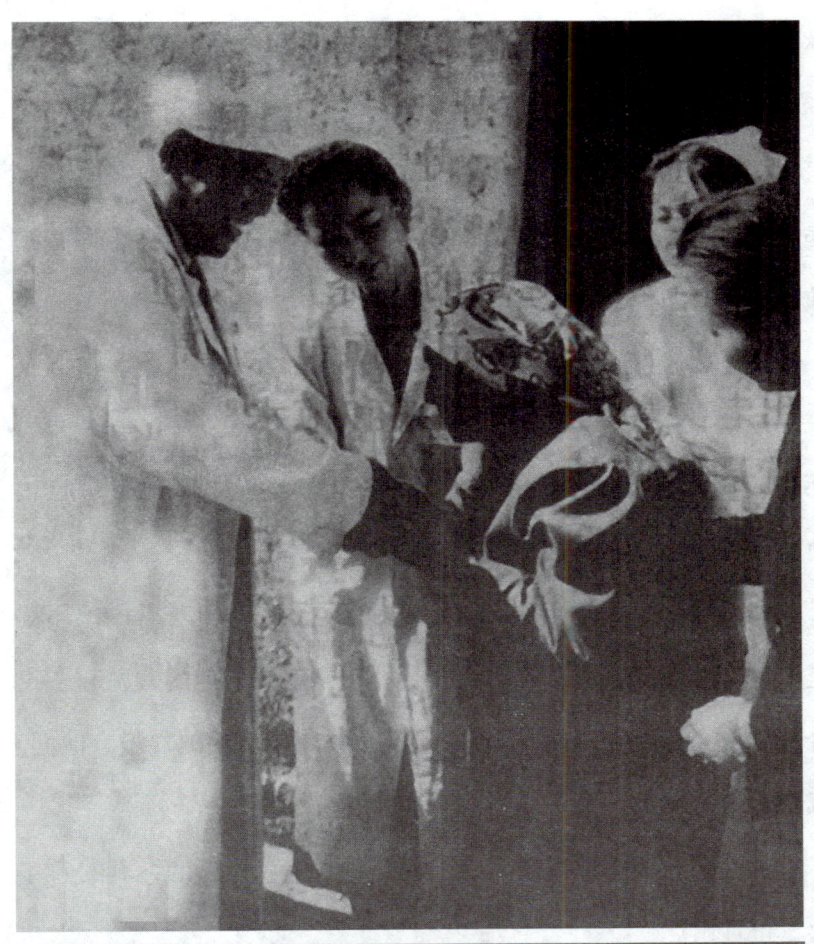

△ 八十多岁的柯尔克孜族妇女米满比(左三)27年前曾患卵巢囊肿，经吴登云精心手术治疗后康复。这位老人至今一听吴登云来了，总是要出门迎送

是在偏僻的山区乡村，一旦出现紧急情况怎么办？他又担心病人亲属埋怨。一个大活人被拉开了肚皮，却又不知该怎么办，这算怎么一回

事儿啊！情急之中，吴登云向病人的父亲投去了求助的目光："找不到阑尾，怎么办？"问完了他又觉着后悔。怎么办？这是你当医生的事，是该人家问你，等着你拿主意的。吴登云万万没有想到，病人的父亲会这样对他说："吴医生，我们一点儿都不怨你，你放心做吧！如果实在找不到，我们就送大医院。"吴登云一时竟不知说什么才好。在这种时候，不是医生去安慰病人，而是病人来安慰医生，吴登云似乎一下子明白了"朴实"这两个字的含义。那种初到高原小镇的孤寂苦闷，又被这淳朴的感情化作了一腔热血。他认准了一个理：他将为这里做出的一切，值！

几十年来，如果说乌恰有什么真让吴登云难割难舍的，那就是当地老乡们的真情实意。如今吴登云常对采访他的人说起：我今天学到的这点儿本事，全是柯尔克孜族老乡给的，没有他们，我就不会有今天。

这话，只有亲身到过高原，感受过柯尔克孜人的纯真的人才会真正理解。

→ 他走在山谷中

★ ★ ★ ★ ★

　　我现在走在这条山谷中。

　　是吴登云当年走过的那条山谷，但路变了，是柏油路面。我丛在"丰田"面包车里"走"，当然已很难体味出老吴那时背着馕饼和凉水骑马翻山的滋味。

　　一个长期生活在城市的人，毛病只会越来越多，而且越来越蠢。不信你可以试试，把你孤独地置入天空荒野和高山大川之间，把你与社会的一切联系隔断，你就会有一种莫名其妙的情绪升起来，似乎两脚腾空，软弱无力，满身的力量都不知跑到哪儿去了。

　　我想问问老吴：这条山谷你走过多少

回？

一张口我就意识到这是个多么愚蠢的问题。这还用问吗？几十年来的春夏秋冬，他跑来跑去，谁成心记着呢？

老吴笑了笑，没有回答，讲出一只黄羊的故事——当然是很多年以前的事了。

那时国家还没有野生动物保护法，打黄羊没人管，他也想打上一只解解馋。他和几位柯尔克孜族猎手一块儿在山谷转悠，很快就发现了一只黄羊。他枪法准，一枪就撂倒了。没想到，在他准备捡"战利品"的当口，那只羊又挣扎着爬起来，朝山坡上跑去。它钻进一个山洞，洞口下面就是悬崖峭壁。不一会儿他逼近洞口，正准备伸手，身后被人拽了一把，只见那只穷途末路的黄羊，像子弹一般从洞口"射"出来，一头摔在悬崖之下。老吴惊出一身冷汗，如果不是柯尔克孜族兄弟拽他一把，他就葬身山谷了。

这是老吴刻骨铭心的一件事。

人的一生中，这种事不可能经历太多。而一旦经历，骨子里便会融入一种独特的情感。

吴登云给很多人讲起这件往事。可见他动了真情。

这一天，感觉上是走了整整一年，或者更久。早晨出发时穿着羊毛衫，中午剩下一件衬衣，而离开吉根向斯姆哈纳走时，每人身上又多了一件棉大衣，有人还把脖子缩了进去。

在边界线上，我看到了列宁峰。那海拔七千多米的白色世界，似乎在诉说着一段往事。

一位本地干部笑着对京城来的那些记者说，我们守着这片地方，让内地好好发展吧。这也是贡献嘛。他的话没讲完，就被一股大风呛回去了。天上下起小雨，风越刮越猛，大家感觉站立不住，于是又缩回车里。

△ "白衣圣人"也是马背医生。马背上的药箱伴随了吴登云几十年，为偏远山区的各族群众送去了温暖

我问老吴：一年中最喜欢什么季节？

秋天，他说。草长起来了，马肥了，还有奶皮子吃。

这当然只是一种向往，事实上他无法选择。乌恰地广人稀，每平方公里只有 2.05 人。有时为了一个病人，他要翻山越岭，涉水跨涧走上好几天。

我们几乎想象不出在人迹罕至的荒原上，吴登云单身匹马行走的情景。遭遇雪崩、洪水围困倒也罢了，最让他心悸的是那突如其来的惊雷。有句老话叫"孩儿的脸说变就变"，以此来形容高原气候似乎还不能尽兴。

他当时正悠悠地走着，人困马乏地正想打个盹儿，一切都毫无防范。突然成串的巨响自天而降，让他猝不及防，怎会不心惊肉跳呢？

他没法对老天怎么样，老天想干什么随他好了。他赶紧从高处往下走，找个洼地把马拴起，自己也"猫"起来。天是说不准的，有时几串炸雷响过就没事儿了。有时候，紧随着巨响的是大雨，还有冰雹，躲过这些他才能重新上路。

从这条路上他到过玉其塔什。

柯尔克孜族老乡叫它"三块石头"，其实是三座雪山。雪山环抱着一片草场，那是新疆南部最大的高山牧场，夏天他去过很多回，天很凉，草很美。

这回是春天。尽管这里并没有春天，季节只限于月份上的意义。牧场发生了一场雪崩，许多毡房找不见了，22个柯尔克孜族兄弟遇难，大批牧民冻伤。

听到消息老吴很着急，带上急救药品骑上马就匆匆上路了。他走了两天，饿了啃馕，渴了吃雪。似刀的寒风在耳边"嗖嗖"叫着，脸被"割"得不时失去知觉。但他不能停下，他早到一会儿，山上那拨受伤的兄弟就能少受点儿痛苦。

他在七八天里，把所有的伤病号一一救治，有成年人，有老人和孩子。给他们抹冻伤膏，给他们包扎，给他们注射抗生素……每天他踩着没膝深的积雪出现在各个毡房里，挨家挨户送去他的一份温暖。

吃的很缺。一去就吃冻死的马肉，啃干馕，喝雪水。头一天还行，第二天就很难下咽。不吃吧，饿；吃吧，吃不下去。一日三餐成了很痛苦的一件事。

祖祖辈辈生活在"三块石头"旁边的山里人，很多人不知道北京，有些人从来没到过县

城，还有的打娘胎里出来就一直没离开过草原。但他们知道共产党，知道毛主席，知道吴登云。

直到今天他们依然很穷，他们拿不出像样的礼物送给吴登云，他们从滚烫的胸腔掏出一些心里话——

共产党派来的好医生！

毛主席的好弟弟！

我们牧民的好兄弟！

 为了雪地上的乡亲

阿山拜克·吐尔地就是在那次雪灾的抢救中第一次见到吴登云的。虽说已经二十年过去了，当初的情景还是那样清晰

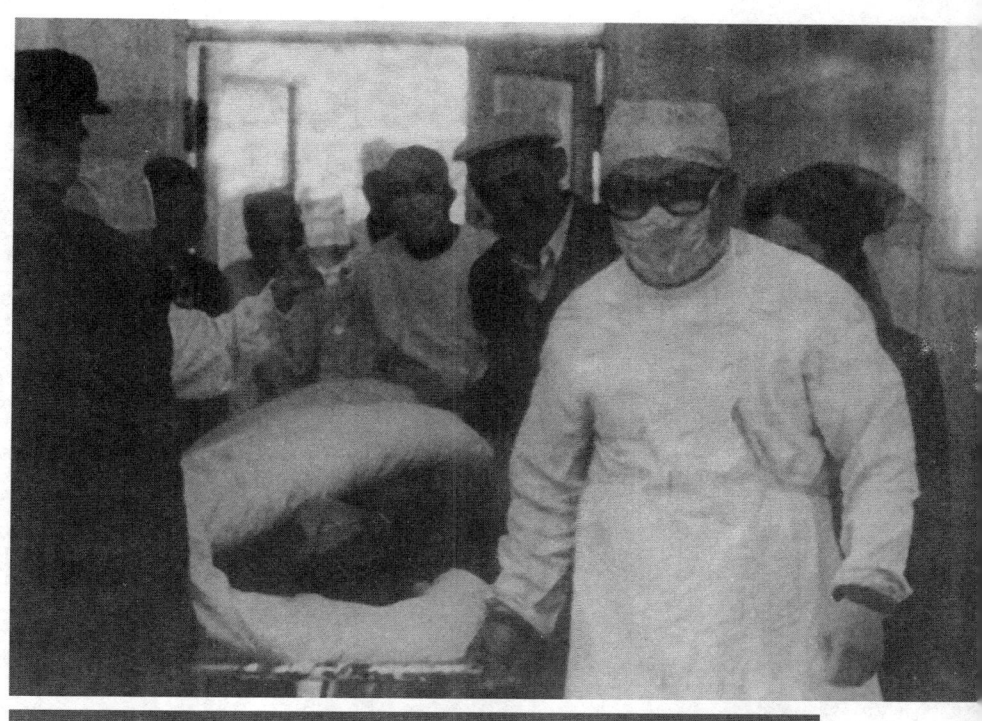

△ 只要有急重病人，吴登云从来是随叫随到。当遇到暴风雪、地震等自然灾害时，他总是不顾个人安危，为群众排忧解难

地印在他的脑子里。

那是 1979 年 4 月的事，当时的阿山拜克还是乌合沙鲁乡的乡长，他正在乌鲁克恰提乡办事。

大雪下了一天一夜。阿山拜克的心也揪了一天一夜。山里人都知道，春天的大雪对牧民来说就是一场灾难。

雪停之后，哪有什么红装素裹，原驰蜡象，整个就是一个混混沌沌的白色世界。沟沟坎坎，坑坑洼洼，都被大雪填平，白茫茫一片。

积雪从山上滑落形成雪崩，草场被埋了，牧民的毡房在雪中只露出个圆顶子，棚圈也被大雪压得倒塌了。牛羊冻死冻伤不算，许多牧民也被冻伤。

阿山拜克见到吴登云时，他已是两天两夜没合眼，但还是背着个药箱，在齐腰深的雪地里艰难地奔来跑去，看上去就像个雪人。

阿山拜克就觉着这个汉族医生了不起，心里记住了他；又觉着乌鲁恰克乡的干部"不像话"，怎么连个马都没给人家，就让人家在雪地里这么跑。得跟乡上的干部说说。

其实吴登云来时是骑着马的，赶到这里让马歇了半日，又把马让给别人去送伤员，而他自己却一刻也没歇。还没等阿山拜克和乡上说，吴登云又赶到灾情更为严重的羊场二分场。

二分场雪灾最重，大部分毡房都被压在雪里。虽说是4月天，可气温一下子降到零下十几度，冻伤、感冒的牧民人数很多。

吴登云在这里没黑天没白天地抢救治疗、观察护理，一干就是十几天。两眼熬得红肿，人困乏得实在顶不住了，有时走着走着，两腿一软，竟倒在雪地上打了个盹。

　　救灾中，从雪地里挖出一具"僵尸"，准确地说是一个冻僵的牧民。很多人都认为这人没救了，吴登云趴在雪地里，贴在胸口仔细听了一阵，好像是有微弱的心跳，就一刻没耽搁，赶紧做人工呼吸。像这样的伤员，可不能放到火堆旁边烤，也不能见热水。最有效的办法就是用雪搓身，不过这需要救治者的恒心与毅力。吴登云守着伤员整整忙碌了一晚上。第二天太阳出来时，硬是让这个"僵尸"一样的牧民有了活气，而吴登云自己却倒在地上，原来是困乏得实在挺不住了，竟然睡了过去。

　　救灾结束后，吴登云从山上下来，正好碰上了阿山拜克·吐尔地。可是阿山拜克却没有认出这就是那个让他好生敬重的汉族医生。十几天下来，吴登云整个走了样，布满血丝的双眼，深深地陷在乌青的眼窝里，本来就不太丰满的面颊，这会儿就突出了两个颧骨。嘴唇干裂，还翻着一块块的皮。直到吴登云翻身上了马，阿山拜克才从马背上那个小药箱意识到，这不就是县医院的那个吴登云吗？

"一个汉族医生，为柯尔克孜族群众的安危，能吃那样的苦，把命都豁上了，了不起，也了不得。"阿山拜克·吐尔地后来当了县长、州长，但只要一提起这段往事，他还是那样激动。

什么叫好医生

→ 父老乡亲有自己的答案

★★★★★

什么叫医生？什么叫好医生？

说老实话，这个看似简单的问题困扰我很久，我也一直在试图寻求答案。

也许，高原上的父老乡亲有他们的答案。

那是 1966 年冬天，吴登云到乌恰的第三年。

一位柯尔克孜族妇女因患功能性子宫出血而严重贫血。她脸颊苍白，眼窝深陷，两腿支撑不住瘦弱的身子，偶尔下床挪动几步便虚汗淋淋。病人急需改善机体功能。

医院没有血库，病人用血要到 100 公

里以外的喀什血站去拉。那条路的路况很糟，去一趟来回至少得六七个小时。

"远水"不解"近渴"，吴登云决定自己输血。

柯尔克孜人忌讳这种红色的液体，从手臂上扎个粗管子往外抽血，连护士也有点儿慌乱不安。

就这样，一个踏上高原三年的青年汉族医生的300毫升鲜血，缓缓融入柯尔克孜族姐妹的血管里。

奇迹出现了。病人脸颊见了红晕，身上也添了力气，病情很快好转。

献血后，吴登云出去挑了一担水，感觉还行。头不晕，腿不软，与往常没有什么差别。

这次人生体验他觉得异乎寻常，他蓦然感悟：自己献出一点血对身体没什么影响，却给病人送去生命和健康，这事做得值！

他属于那种认"死理"的人，看准了就做，不再反悔。从那时起，他无偿献血30多次，共达7000多毫升。这个数字与一个成年人的全身血液几乎相等。

在这个数字面前，很多人感到震惊，同时又于心难忍。

1993年6月11日傍晚，阿图什供电公司职工杨育青骑摩托车跌入深沟，送到医院时已经昏死，脉搏微弱。

抢救伤者需大量输血。吴登云为了赢得时间，在向喀什地区

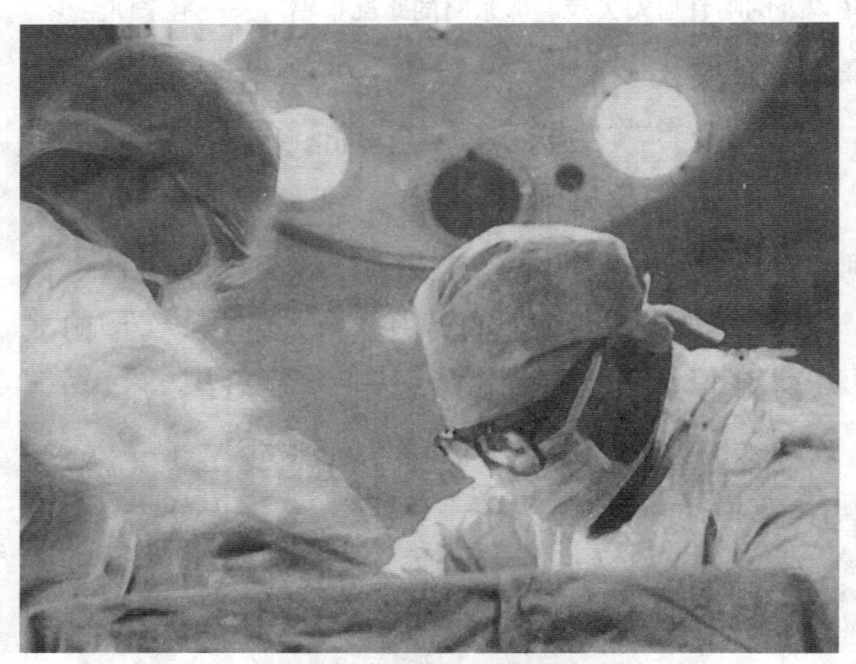

△ 吴登云先后30多次为危重病人献血

医院和驻军某部医院血库紧急求援的同时，他
又挽起自己的袖管："先抽我的血，稳住他的血
压和脉搏。"

助手和护士都不太情愿，他毕竟是 53 岁
的人了。

老吴急了，催道："快点儿，这是救命血。"
带着体温的 300 毫升鲜血输进伤者血管里。在他的带动下，在场的副院长加帕尔和阿图什和赶来的几个人也纷纷要求献血。很快，1000 多毫升不同民族兄弟姐妹的鲜血输进伤者的血管，为其生命的复苏赢得了宝贵时间。献血后，吴登云又和驻军医院的主刀医生一起上了手术台，直到天亮。

一个人一生中要和很多人相遇，伤者也不例外。在他摔入深沟之前，绝不会想到会在这么一种场合和另外一个人发生联系，他是幸运的。

因为这个人是吴登云。

 ## 榜样的力量

★★★★★

毕竟岁数在逐年增长，吴登云身体已

不如从前。他长年在基层奔波落下胃病，血压很高。同事和亲友没少规劝他，他总说没事。"白求恩为伤员献血时头发白了，牙也掉了，我比他年轻得多呢。"

那天，黑孜苇乡一位牧民的妻子因早期宫颈癌导致大出血，老吴又伸出胳膊，护士急了："一个月前你才刚刚献过200毫升，还没恢复呢。再等等吧，血库的血马上就到了。"

△ 吴登云与爱人杨晓安

老吴说："不能等，病人很危险。你先抽200毫升应应急。"

护士拗不过他，只好听他的。

这一回老吴感觉不太好，两腿打飘，身冒虚汗。回家的路上，他觉得腿不听使唤，飘飘忽忽，磕磕绊绊，总不对劲儿。他到底没坚持到家门口，走着走着一头歪倒在路边林带里。老伴和女儿闻讯赶来，把他搀回去了。

老伴数落他："老吴呀老吴，让我说什么好呢？说你吧你是为救人，不说你吧你身体弄垮了可咋办？"

老吴静静地躺着，老伴推推他，他已睡着了。

老伴无奈地叹了口气："你这个人呀……"

吴登云的行为，深深地影响着他的家人。作为父亲，他热切希望儿女们都能为治病救人做点事情。

老吴的方式非常直接。大儿子吴忠，高中毕业那年在一个工地打小工。有一天，老远看见父亲急匆匆地来到工地，二话没说拉着他就往医院走，其实那不是走，是一路小跑。

到了医院，老吴才开口："有个柯尔克孜族妇女大出血，急需输血，正好和你的血型一样，你就输一点儿吧。"

当时吴忠才20岁，心想年纪轻轻的就给别人输血，不太情愿可又说不出口。

父亲看出来了，对他说："你把二三百毫升血输给病人，救

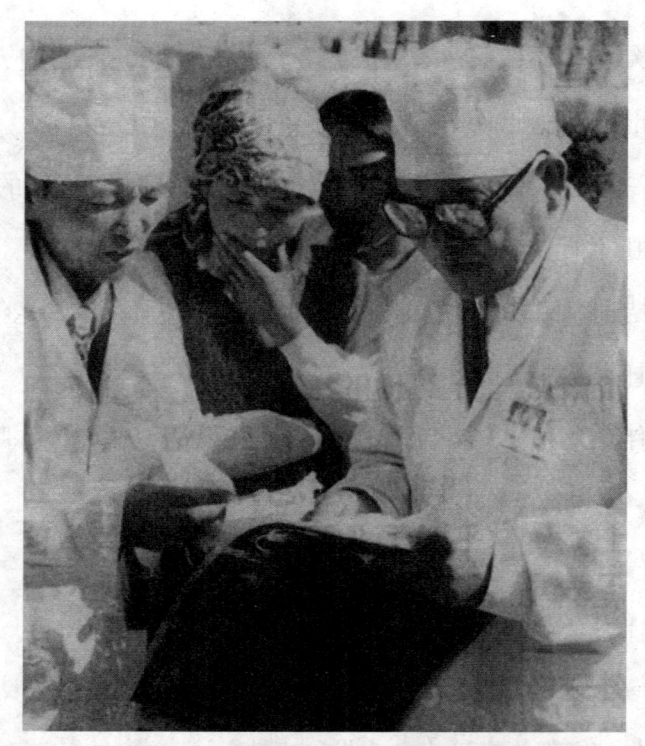

△ 吴登云下乡巡诊时，村民们纷纷拿出各种诊断书、X光片，让他确诊

的是一条人命。人一辈子能救一条人命的机会不是很多的，输点儿血没什么。"

吴忠听了父亲的话，献出 300 毫升血。吴登云很高兴，专门叫女儿吴燕给她大哥炖了一只鸡。这是对儿子的"奖励"，他自己献血后可从来不舍得破费。

后来，吴燕也走上了工作岗位，就在父亲

的眼皮底下，是做 B 超和心电图的医生。照着父亲的样子，她也献了好几次血。

有一天晚上，一位柯尔克孜族妇女因宫外孕突然输卵管破裂，伴随大出血、休克。吴登云到妇产科指导手术，并提出他要献血。吴燕和护士小杜几乎同时说"不"：你年纪那么大了，抽我们的。

吴登云对女儿和小杜护士说："你们要上晚班，还是抽我的吧。"撂下话，他就去作交叉配血了。

吴燕赶紧把小杜拉到化验室，对她说："快抽我的血，我爸来了就来不及了。"

小杜护士从吴燕身上抽出 250 毫升血输给病人。献血的第二天，吴燕就上班了。小杜问她："你没拿营养费，也不休息几天？"

吴燕淡然一笑："那还叫无偿献血？"

说到营养费，小儿子吴杨晨那天在饭桌上跟父亲开玩笑："爸，我一个童男献了 200 毫升血，不给点儿钱吗？我的血营养价值可高得很呢。"

老吴可没当笑话听，他放下饭碗认真起来："现在 100 毫升血是 60 元钱，200 毫升是 120 元钱。这 120 元钱给了你，你也富不了，可那是一个牧民一两个月的生活费啊！"

一句玩笑引出一个严肃话题，这让儿子意想不到，也让他更理解了自己的父亲。

从一个人到一家人，从一家人到一个单位，无偿献血的队伍日见扩大。如今，县医院外科墙上挂有一张全院职工的血型表，以备急需。不少柯尔克孜族医务工作者观念也发生了变化，自觉加入到这一光荣行列。

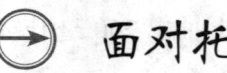

面对托乎塔西的脊背

★★★★★

我面前坐着三个人，祖孙三代。从南部的波斯坦铁列克乡专程赶来。

祖孙三代一个肤色，特像非洲人。

老人买买提明，撩开儿子托乎塔西的上衣，让我看看小伙子的脊背，只那么一眼，我就不得不背过脸去。

这是无法言传的一个脊背——沟沟棱棱、花花点点，像一片被火山熔浆抹刷过的岩石那样不忍再看第二眼。

这又是一件难以置信的往事。

还是挣工分的年代。

那年冬天的一天，买买提明和妻子都在外头干活，把不满两岁的儿子一个人留在家里。收工回来，两口子惊呆了：孩子被火烧得不成样子，正在火堆旁边痉挛。这是小两口头一个儿子，他们心上像被戳了一刀。

买买提明没敢耽搁，从队里借了点钱，用被把孩子包上，当天夜里就上路了。他骑上骆驼跑了三天，来到县医院。

当买买提明把散发着焦煳味的孩子交给值班医生吴登云时，心里已不抱多大希望了。

一检查，孩子全身3度烧伤，50%的皮肤被烧焦，生命处在垂危之中。

为收不收这个孩子，医院内部意见不一，有人说必须转院，转到上海去。

吴登云不同意。他说："我们一个县医院治不了这种病，怎么交待呢？再说跑到上海去要花多少钱？你们治不了，我来治！"

他的声音不太高，却很有挑战意味。

说出的话泼出的水，吴登云全心投入抢救。

那些日子，吴登云茶饭无心，端着饭碗时常愣神。他全部心思在琢磨这件事，一定要把小生命给救过来。

孩子要想保住，需过三关：休克、感染和创面愈合，不论哪个关口都面临着考验。

那些天里，吴登云死死守在孩子身边，什么事都自己亲自动手，哪怕是输液吸氧也不放过，小心翼翼度过从身边溜走的每一天。

约摸十几天后，小家伙闯过休克期。身上的伤痂随之脱落，滋生的脓液异味扑鼻。在这控制感染的关口，吴登云更操心了。他亲手擦洗，亲手敷药，还要不时提防孩子的两只小手，生怕他乱抓乱挠，引起感染。

又熬过一些日子，小家伙过了感染关。

最后，就看创面愈合这一关了。

孩子剩下的好皮肤很少，自体皮移植没有可能。吴登云把求援的目光投向买买提明，买买提明神色惊恐。

这是中国历史上一段十分特殊的岁月。有人在叫着"宁要社会主义的草，不要资本主义的苗"，"宁要社会主义的晚点，不要资本主义的正点"，"世界上有三分之二的人生活在水深火热之中"，而唯独我们是"蒸蒸日上"、"莺歌燕舞"。

是的，现在的年轻人已很难理解他们出生前的那些年月。你说饿，说吃不饱，他们会皱起眉头问你："咋不多吃点儿？吃肉嘛！"

　　事实上，寒冷的高原比你想象的更加困难。

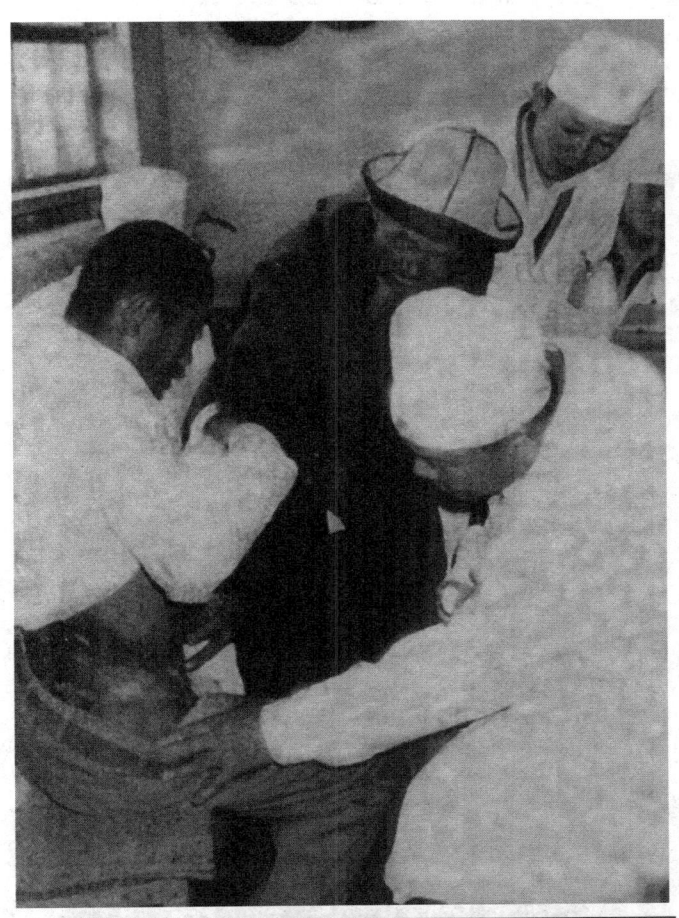

△ 吴登云从自己腿上割下13块皮肤为柯尔克孜族儿童托乎塔西植皮

吴登云知道，羊皮、鸡皮都可以作为植皮材料，但一个普通医生，去弄这两样东西是多么不容易啊。

　　费尽周折他还是弄来了一只鸡。但鸡皮移植效果不理想。情急之中他决定从自己身上取

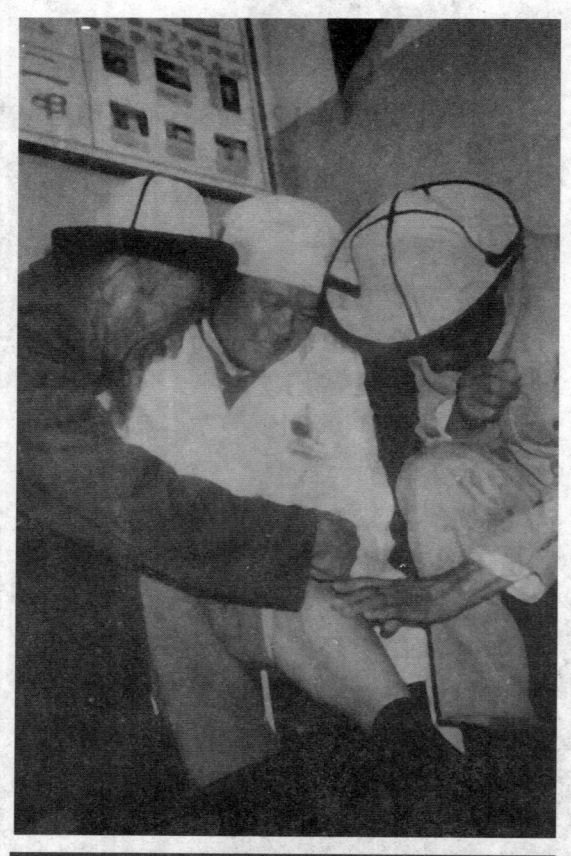

△ 托乎塔西的父亲买买提明（左）关切地查看吴登云为他的孩子植皮时，腿上留下的疤痕

下一部分皮肤。他读过一篇报道，说汉族医生李贡为一位藏族姑娘植皮获得成功，我为啥不试试呢？

在场的同事坚决不同意，也拒绝跟他配合。没办法，他只好自己动手了。

手术室里很静。

他坐下来，挽起裤腿，打上麻药，而后开始从自己腿上下刀……1片、2片、3片……整整13片带着血线的薄皮从他大腿和小腿上取下来，同时他又亲手移植到孩子身上。

站在一旁的买买提明目瞪口呆，当他明白是怎么回事后，双手捂脸"呜呜"哭了。

……

二十多年后，买买提明老汉讲起这件事仍难以平静。通过他说话的语气和那急切的神色，不难看出这位经历过风霜雨雪的柯尔克孜族汉子，是多么想把隐藏了很久的心里话掏给世人。他确实隐藏了很久。记工分那个年代，他在牧场上辛辛苦苦干一年，扣除口粮钱他还倒欠。二十多年他觉得很漫长，他心里一直有个很深的"伤口"不能愈合——没来看看吴医生。他不识字，但知道玛纳斯——那个伟大的英雄在柯尔克孜族民间到处传诵。

现在日子好多了。老汉说。他7个孩子都长得好，还有一大群羊。托乎塔西前年给他生个孙子，今年又给他生个孙女，日子越来越称心。他想把多少年以前没办的事办一下，按柯尔克孜族的最高礼节，给吴医生宰一匹马……

我骑过马。我在牧场上骑过马。我在高原的牧场上骑过马。在那畅快淋漓的奔跑中，我从冥冥之中感觉出马的灵性和"人性"。这是一种很好的传递。一头扯着我，一头接通游牧者的心。

我觉得理解了买买提明老汉。

这是一个高原寓言。

 ## 他为什么要"吹气"？

★★★★★

临来乌恰县前，我在乌鲁木齐看到了

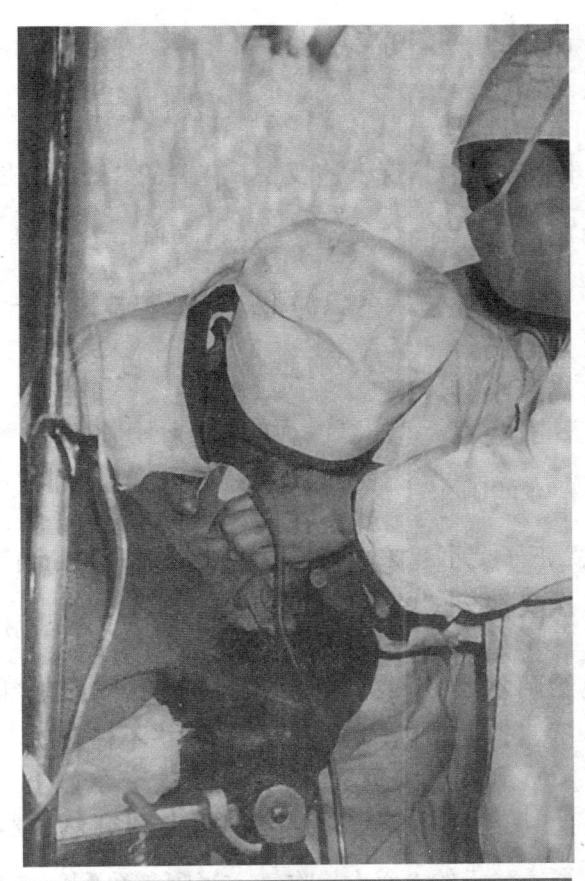

△ 为抢救病人，吴登云什么也不嫌弃，这是他在手术台上做人工呼吸的情形

　　一套为宣传吴登云事迹而做的挂图，其中有一张图片，是吴登云正口对口地给一位病人进行人工呼吸，我问了摄影记者，确实是他们"盯"着吴登云工作时的现场记录，绝不

是另行设计的"艺术品"。

有细心的人看了说："哟，怎么没带医用手套。"我不是学医的，不知在紧急情况下违反一下有关的"规定"是不是合理。但我知道，不论是为病人植皮，还是献血，吴登云都可以用"不合规定"来推掉，甚至想都不用去想，可那样一来，高原上的许多急症患者恐怕就没有重获生命的机会了。

像这样被吴登云用气吹活的人，还有不少。

吉根乡的阿尔孜被送到县医院急救室时已经停止了呼吸，家里人一下子哭了起来。吴登云见此情景一把扯了口罩，让身旁的医生用吸钳拉出了阿尔孜黑紫的舌头，自己俯下身子，嘴对嘴地给阿尔孜做人工呼吸。足足有五六分钟，阿尔孜才有了呼吸。

扒着门缝、贴着窗玻璃的牧民们，瞪圆惊愕、困惑的眼睛，看着吴登云给"死人"吹气，当阿尔孜醒过来时，他们真是又惊又喜。高原上的老乡实诚，也弄不明白人工呼吸的道理，但有一点他们却非常清楚，吴医生为了病人那可是真心实意的，不然怎么会"给死人吹气"呢？在报纸广播宣传吴登云之前，他早就成了"民间传说"中的人物——"白衣圣人"吴登云，医术神奇，心地善良，妙手回春，一副热心肠。

高原小县，医疗设施非常缺少，即使是在县医院里，有些在大医院里常见的抢救设备也没有，更不用说是偏远的山乡牧区了。碰到急症，除了病人自己的体质，往往就全在医生思想的一闪念了。州上最早派去采访吴登云的程海序和付静，就亲眼见了一次吴登云"吹气"的场面。

那还是六七年前，一个难产的孕妇，送到医院时已奄奄一息，必须立即手术。当时有的医生觉得不能冒这个险，吴登云急了："不做怎么办？转院？还没到喀什人就完了。"结果这个孕妇上了手术台。但当孕妇腹部被剖开时，心电图突然成为一条直线，血压骤然下降到零。吴登云一面布置采取措施，一面又急忙俯下身，口对口为产妇做人工呼吸，最终他又救了一条命。

当然，并不是每次都能成功，据说宣传画上的那个病人就没抢救过来。有人曾问过吴登云："你想过没有，如果病人当时没救过来,会给你带来多少麻烦?"吴登云说:"没想过,我也知道病人可能救不过来,但带给我啥麻烦没去想,也没时间去想。"

　　曾目睹过吴登云"吹气"救人的柯尔克孜族干部巴斯拜依在县委干部会上是这样说的:"吴登云这个医生,是为共产党生的,是为老百姓生的;他的心嘛一心向着共产党,一心向着老百姓……"

人生是从走路开始的

→ 朴素的东西来自一个"苦"字

★ ★ ★ ★ ★

35 岁那年，吴登云完成了一件事，他在镰刀锤头旗帜下举起了右手。

在老医院的一间平房里，吴登云攥紧拳头、举起右手的时候，他感觉血液在重新凝聚，汇成一股力量。一种念头老是不停地捣他的胸口：不要对不住举起的拳头，一定要好好看病，一定把工作干好。

朴素的东西来自一个"苦"字。

吴登云父母都是本本分分的庄稼人，一辈子没离开过土生土长的那个小村子。母亲生育五个子女，只养活吴登云兄弟两个，他身后两妹一弟都不幸夭折。那时很苦，有病没钱治。

苦难的日月使父母的话语都不多，父亲埋头田野，母亲操持家务，许多时候还去富户人家打打零工，挣点儿辛苦钱贴补家用。

苦难这座"学校"锻造着吴登云勤劳善良的品性，打上初中那会儿他就早早开始分挑父母的担子。初一的生活费每月7块钱，他享受的甲等助学金刚好顶上。剩下的纸笔墨水和电灯费用，他全靠打工。他舅舅在砖瓦场当场长，零活是现成的。每逢星期天或节假日，他总是直奔砖瓦场。他干不了技术活，只能和泥巴，这是很累的差事，干八九个钟点只得4毛钱。有时运气好，碰上往城里贩鸡鸭的人他会很高兴，他给人挑脚力，一天能挣一块钱。

星期天晚上回来，他还要赶写作业，常常是写着写着就睡着了。

为了省钱，他往往只喝一碗稀饭，一份萝卜干一分钱他都舍不得吃。常不吃盐怎么行呢？他想了个办法，每顿用筷子蘸点儿盐，往稀饭里一搅。

他是穿土布衣服长大的。那是母亲在如豆的油灯下用心制成的"作品"。20岁那年在医专上学时，他第一次品尝"力士"鞋的滋味。他的布鞋露出脚趾，学校专门发给他5块钱，让他买双球鞋穿。他花4块5毛钱买了一双矮腰"力士"球鞋，嗨，这鞋真好。他只在学校穿穿，回家打赤脚，把鞋擦净放好，唯恐弄脏。

人生是从走路开始的。

几年后，吴登云穿着这双鞋离开养育过自己的一方水土，离开他的父母，走向一个很远的地方。

他知道，那个地方叫新疆。

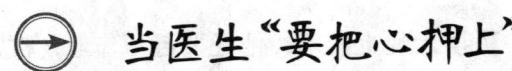

当医生"要把心押上"

☆☆☆☆☆

我们对吴登云走进的这片高原，还是应当有个大致的了解。

乌恰，由乌鲁克恰提简化而来。在柯尔克孜语的语汇里，乌鲁克恰提意思是"雄伟的山口"。这儿的山口很多，少说也有上百座。

两千多年前的汉宣帝时期，西汉在乌垒城设西域都护府，乌恰正式归入汉朝版图。此后虽朝代变易，乌恰一直为中国领地。1930 年设乌鲁克恰提设治局，1938 年正式建县。

历史上，乌恰曾是多民族聚居地，黠戛斯、乌孙、月氏、汉、匈奴等古代民族都曾在这里驻牧。后来，有的民族迁出，有的民族迁入，有的民族与其他民族融合。现在，本地居住的主要是柯尔克孜族。

柯尔克孜是我国北方的一个古老游牧民族，是突厥语民族中最先使用文字的民族，也是突厥语民族中最早运用日月季纪年及最早使用十二生肖历法的民族。约公元 1 世纪，汉朝廷派兵与柯尔克孜族的先民坚昆、丁零、乌孙、乌揭等部联合出击匈奴，迫匈奴西走。在乌恰这块历代兵家必争之地，柯尔克孜人为捍卫神圣国土，作出了巨大贡献和牺牲。

然而千百年来，这儿的人民在极度落后的困境中生存。本世纪 40 年代末，全县仅有三所马背学校，就学者不足百人。医疗条件更差，医护人员只有四人。婴儿的死亡率达 35%，人均寿命才四十来岁。流动商人跑进牧场，用一块砖茶能换上一只肥羊，一顶帽子要牵走一头牛。

新中国成立后，尤其是这二十年来，牧民的生活得到很大改

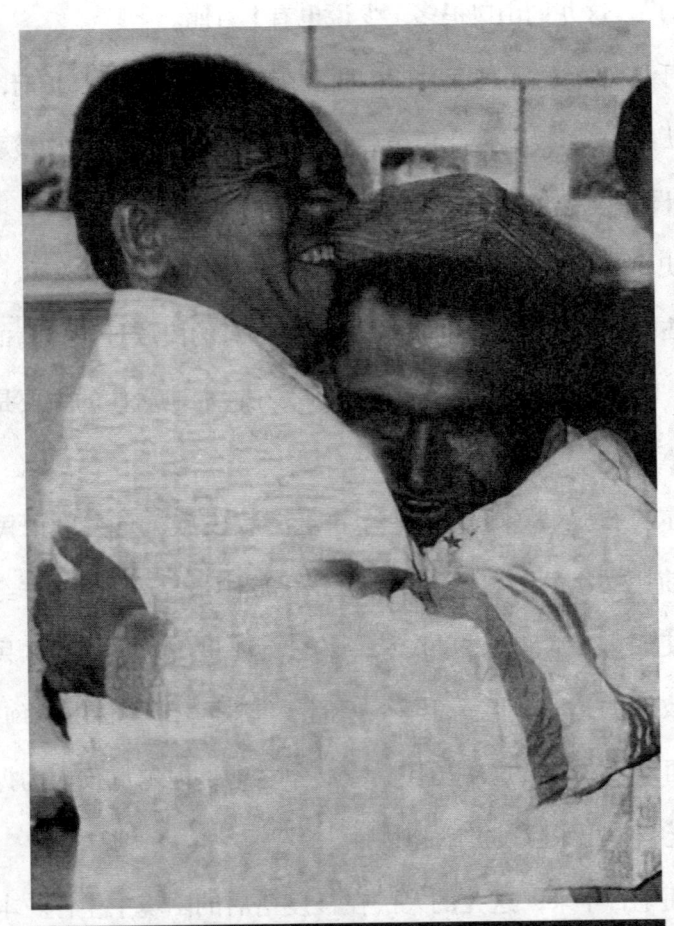

△ 经吴登云献血抢救的维吾尔族矿工艾力江看望吴登云时的情景

善，但仍属国家级贫困县。

在这样一片土地上，一个医生对患者富有

爱心，对他们抱有高度的责任感，切切实实怀着一家人的真诚，就有着非同寻常的意味。

医院小，碰到的患者杂，医生的本事必须全面、过硬。吴登云深知这一点。

有很长一段时间，他养着几条狗。他在狗身上一遍遍做手术，反复摸索，积累经验。后来他又到喀什地区医院和母校进修，从内科到外科，从妇产科到五官科，白天看手术，晚间啃书本，拜师学艺不厌其烦。经过多年的摸爬滚打，他最终练就一身硬功夫，把自己锻造成适应基层医疗工作的多面手。

有一年冬天，康苏煤矿的青年工人艾力江，在井下作业时与突然失控的矿车迎面相撞，多根肋骨撞折，肝脏大面积破裂。因失血过多，生命危在旦夕。

伤者送来时面色灰黄，已完全失去知觉。有人嘀咕：十有八九救不过来。

吴登云说："我们不能患得患失，只要有百分之一的希望，我们就要尽百分之一百的努力。"

手术从当天晚上一直持续到翌日天亮，吴登云整整9个小时没离开手术台。后来，他又亲自主刀连做3次，还输了300毫升血。每次手术后，吴登云都强打精神守候在艾力江身边观察护理。在生死攸关的关键时刻，他连续五天五夜没正常睡觉，熬得面青目红，腰酸腿乏，直到艾力江脱离危险，他才松了口气。

与吴登云一起共事的很多人都弄不明白，长年累月他一门心思想的就是病人，连轴转，连班倒，像台机器似的，没有节假日，没有礼拜天，他哪儿来的那么大劲头？

吴登云这样理解：生命，对每个人只有一次，你当了医生，就要把心押上。

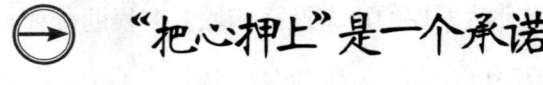

"把心押上"是一个承诺

★★★★★

"把心押上。"多么庄严多么沉重的一个承诺。有这四个字，什么事干不好呢？

读懂这四个字，本身就不是件容易的事，要用心。读懂了，或许你才会明白高原是怎么回事，你才可能走进高原人的世界，你才可能理解吴登云。

有个年轻人得了一种很罕见的病，先后在两家大医院做手术都失败了，在极度痛苦中冒出了轻生念头。

吴登云听说后，三番两次到她家，请她到县医院治疗。

头一回，患者绝望地说："我的病治不好了，我哪儿也不去了，就在家里等死。"

吴登云很难过，回到家就查阅有关病例资料，连续两天苦苦寻求。他觉得心里有底了，再次来到患者家，恳切地对她说："你的病有希望治好，就让我给你治吧。"患者终于含泪点头了。

次日，吴登云又亲自第三次随车到患者家，把她接到医院。他精心制订详尽的医疗方案，亲自手术，解除了患者多年的痛苦。手术后，吴登云找了台黑白电视机为她解闷；见她家里送饭不便，又送个电炉特许在病房做饭；还为她参谋饮食结构、营养调配……出院时，患者泣不成声："吴医生，是你给了我第二次生命，你就是我的亲生父亲啊。"

吴登云常常对医护人员说："只要病人进了咱们医院的大门，就决不能因为他无钱而推出去。钱是死的，没钱可以挣嘛！如果光死盯着钱，把病人的命给丢了，那和图财害命有什么两样？"

干火云从湖北农村来乌恰投奔哥哥，在砖厂干小工。连续几天上吐下泻，还吐血了。

他不知是胃出血，那天他疼得受不住了，想到县城买点儿药将就一下。

从乌恰老城的工棚出来，干火云没走出多远就昏倒了。

这是高原的 2 月，特别寒冷。

醒来时，干火云躺在县医院的急救室，正在输血。周围有好几位医生护士，吴登云就伏在他身边，关切地看着他。那目光饱含着慈祥和温暖，就跟自家的亲人一样。

干火云哭了。

他没有父母。两个哥哥都成家了，日子过得紧紧巴巴，给他帮不上什么忙。他零打碎敲干点儿活仅够糊口，拿什么付医药费啊？

吴登云慢声细语地安慰他："什么都别想，先安下心来养病，钱以后再说。"

病人脱险后，吴登云先制订了控制治疗方案，先后两次输血达 1000 毫升。经过一个多月的精心治疗和护理，病情基本稳定了，决定进行胃切除手术。

手术前，干火云托人找来两位老乡，他们都不愿签字。吴登云拍了板："我主刀，一切由我负责。"

吴登云专门从喀什请来几个 O 型血的人，手术过程中输血 700 毫升。手术从 18 时开始，次日凌晨结束，很成功。手术后

△ 吴登云对病人经常解囊相助，总是到群众最需要的地方去

他彻夜未眠，在床前守护。

出院那天，吴登云从身上掏出 200 元钱给干火云。小干慌了："我还欠医院那么多钱呢，怎么好再花你的钱呢？"

老吴动气了："快拿着，买点儿营养品。医疗费你不要急，等以后挣了钱再说。"

干火云胃切除三分之二，很长一段时间不能干重活，生活比较困难。吴登云时常抽空从 6 公里外跑来看他，并尽量给他一些资助。而欠下的那笔债务，小干一直压在心头，寝食不安。

为了却小伙子的良心债，吴登云想出一个办法。正好赶上医院维修，活不重，让干火云来帮忙，每天发点儿生活费。这样干了一些日子，活干完了，欠款也算还上了。

干火云知道，救命之恩是多少金钱也无法报答的，但他总觉得该表示表示心意。那天，他买了一条雪莲烟、两瓶三台酒，两样东西加起来不足 30 元钱，他准备看看救命恩人。

吴登云收敛笑意，真诚地对他说："孩子，我从来不收病人的东西，你的东西我就更不能收了。你的情我领了，把这些东西退掉，给自己买点儿补养品吧。"

小干终于忍不住，含着泪说出一句话："你就是我的父亲啊！没有你，我早就埋在戈壁滩了……"

→ 有关父母的话题

★★★★★

干火云很不容易出口的那句话，是发自内心的，因为他没有父亲。

许许多多柯尔克孜人也说过类似的话，都是真诚的，因为他们又得到了一次生命。

父母是生命的发源地。

这天在医院，蓦然想起这个话题。问老吴，他眼圈红了，说到鱼池边坐坐。

来到鱼池边的小亭子上，我坐下了，他没坐。眼瞅着水面默然无语，显得心事很重。

我的心情陡然沉重。我知道他的父母

都不在了，这个话题是折磨人的。心想，只要他不主动开口，我就绝不再提。

过了一会儿，他终于坐下来。可以看出，心情仍不平静。

之后的谈话近乎聊天，我们都躲躲闪闪，试图绕开什么，找点儿不着边际的话说。但彼此心里都有一个"结"。我知道那是生命之"结"，感情深处的东西总是难以出口的。

这天晚上我没着没落的。打开电视，看到南联盟还在挨炸，也就懒得再看。

高原的夜没有噪音，很静。

灯光下，我翻开手头的一篇文章，是记者窦新国写的。从去年开始，他跑过三趟高原，还跑过江苏，为采写吴登云下了不少工夫。这篇文章写得很真实，读到老吴父母临终的那一段，我流下了眼泪——

……

如果说，人们在生活中最渴求感情的温暖，那么吴登云首先把它献给了病人，而自己却欠下亲人一笔笔感情债，留下许多遗憾……

……

吴登云母亲是 1969 年突发脑溢血去世的。事先没一点症状，那天她正给大孙子吴忠喂饭，从小凳子上滑落下来，就再也没有醒过来。

当时，吴登云正在遥远的吉根乡山村牧区巡诊。等收到弟弟吴登林的来信时，已是近一个月以后的事了。吴登云痛不欲生，泪汪汪守着摇曳的煤油灯枯坐了一夜。

母亲去世时 57 岁。吴登云说，这是我最伤心的，我这个当儿子的是医生啊。如果我在身边，母亲也许不会走得这么早这么快……

母亲走了后，家里就剩老父孤身一人。吴登云多次写信想把父亲接到新疆赡养，父亲执意不肯，回话说他离不开故土，离不开过世的老伴，也离不开自己耕种的菜畦和喂养的鸡鸭。老人只希望儿子有时间回家看看。

但，直到 1986 年初，乌恰"八二三"大地震后的第二年，弟弟吴登杯几次来电来信说父亲病危，吴登云心急如焚而又踌躇再三，才下决心"回趟家与老父见一面"。

……

1998 年 6 月 28 日。江苏镇江。

一个暴雨如注的下午，我们采访了吴登云的弟弟，任职镇江市船舶柴油机厂副总工程师的吴登林。在最初相见兄长"第二故乡"来客的兴奋和寒暄之后，谈起过世的父母，谈起多年不见的哥哥，谈起刻骨铭心的往事，吴登林镜片后的眼眶里，渐渐涌上了泪水……

那年母亲去世时，吴登云未能赶回去奔丧。事后他给弟弟写了一封很长很长的信，诉说了对母亲的深深怀念和歉疚。信中还一再说，让弟弟替他在母亲坟头多烧点纸，告罪他的不孝。吴登林是个通情达理的人，他自然不会责怪哥哥，他深知哥哥的为人，知道他很忙很忙。

后来父亲病危时，吴登林多次打电话催促哥哥回来看看，吴登云都迟疑不决。眼见父亲沉疴难起，一天不似一天，吴登林急得在话筒里哭出声："你千万千万回来见上父亲一面啊。"

吴登云从新疆赶回去，吴登林去车站接他。路上，吴登云的心情很沉重，很少说话，一开口就掉泪。作为一个大夫，听了父亲的病情心里就什么都明白了。

在家里，他只住了7天。

当弟弟的知道哥哥心里发急，撂不下那边的事。他说，震后都住防震棚、地窝子，病人多，条件差，防疫防病的工作量挺重，眼下又是春季流行病最多的时候……

在家的几天，吴登云悉心陪伴父亲，端水喂药，擦身换洗，调养饮食，晚上紧挨着父亲，陪着说话、睡觉。

吴登云心里很清楚，这可能是他最后一次尽孝了。背过父亲，他对弟弟千叮咛万嘱咐，说他这一回去，就很难再回家送父亲了。他说，如果我赶不回来，你就和张德潮把爸爸的后事处理好，让老人好好上路。说着他就流泪了，捶打着自己的心窝说，等以后我有机会回家，再去坟上看望父母。

临行前那天晚上，吴登云和父亲一夜没合眼，说了一夜话。父亲像要把一辈子的话都倒给儿子，吴登云也想把几十年的别离之情、相思之苦和歉疚之心，悉数倾诉给父亲。吴登云还尽力找些暖心话宽慰老人，说新疆的发展，说乌恰的变化，说孙儿们的好日子……

第二天早上，红肿着眼睛的吴登云又跟弟弟交待父亲的"后事"，没说几句兄弟俩就都泣不成声了。

父亲那天也挣扎着起来了，说要送儿子到村口。几百步路，兄弟俩搀扶着风烛残年的父亲，走了许久许久。

父亲从未这么伤感过，脸上流满了泪水，一句话哽咽几次才能说完。老人清楚自己大限将近，知道这一别离就永世也难见面了。但一辈子通情达理的父亲，只反反复复嘱咐大儿子："回去后把公家的事做好，寄张孙儿们的照片让爹爹看看……"

哥哥不忍心看父亲，拧过脸抹泪。

古人说："人间离别尽堪哭，何况不知何日归。"真是这样啊。

父亲去世时，吴登云终究没能回去。

在父亲最后的几天里，胃癌的疼痛折磨得人失了形，一阵昏死一阵清醒，杜冷丁打几支都不管用。弥留之际，他还念叨着吴登云乳名，痴痴地问："大霞子回来没有？"

吴登林只能宽慰老人，说："快回来了。"

父亲带着遗憾离开了人世。

弟弟总是了解哥哥的。回首往事，吴登林抑制不住内心的感情，对记者们说出一番心里话——

其实，只要哥哥自己"愿意"，是可以回家的。

而且，还可以调回家乡工作。哥哥的许多同学都在扬州、高邮卫生界，像扬州市人民医院林院长就是哥哥的同学。他们也都希望他回家乡来。再说了，和哥哥同去新疆的三十多个同学，百分之八九十都回来了，许多还当了科、系主任。

而留在乌恰县的，就他一个人。

他总是说乌恰的乡亲舍不得他走。

他对父母未能尽人子之孝，时时感到愧疚；但这么多年他也没白过，为乌恰的父老乡亲做了一些事，觉得心灵上是个安慰。我想，这也是他多次放弃还乡机遇的唯一缘由。

我知道，哥哥是个很重感情的人。

自从他去新疆后，我们兄弟难得相聚，十年八年见一次面，他一说就把话头转到了"那边"的事上。印象最深的是他说病人"转院"的事。他说，那边你没去过，条件很差很苦，尤其是偏远山乡的农牧民，若有个病变，几十里几百里山路，马驮人抬送到乡上，治不了再折腾到县上，轻症也会折腾成重病。如果我们县医院再不能解除病痛，再往州上转院，那病人咋能受得了？人心都是肉长的，看到这种情形我心里能不难受、能不急么……哥哥说这些话时，眼睛就湿湿的。

他说，我就想把医院建设好，把医疗水平提上去，让病人少受点儿折磨；再呢，就是尽自己最大的力量，带出一批少数民族医生，也算是报答父老乡亲们了。

所以我总想，哥哥是把对父母的孝心，对亲人的爱心扩大、延伸了……

高原上有条路通往外界

➞ 他留下来了

★★★★★

高原上有条路通往外界。

几十年来，有不少人从内地的许多地方，顺着这条路走进来。在这儿做事，在这儿生儿育女。有的人老了，最后剩下一把骨头也埋在荒野里。

他们是高原的一部分。

也有一些人，当初顺着这条路走进来，在这儿干了几年，觉得待不住，又顺着原路回去了。

人各有志。

这毕竟不是他们的第一故乡，他们的心不在这儿，心是留不住的。想离开这儿回到自己的父母身边，能生活得更好一些，也是人之常情。

吴登云已经见过多少拨了。他们把那点儿有限的家当装上车，跳上车顺着这条路走了。车尾冒出一股油烟，他们给高原留下一个背影。

看着他们的背影，吴登云心头难免一阵波澜，谁不念故土呢？

他本来是有机会的。

有一年，老家的同窗好友给他联系好了，在风景秀丽的扬州。说"一路绿灯"，让他赶快行动。那时他父亲还健在，他心动了。

但是，他陷入两难境地。

他已经在高原滚了十几年，脸上不知脱掉了几层皮。收到这封信的时候，他正在乡下巡诊。那些淳朴的柯尔克孜人一双双渴求的目光，有种天然的引力，像高原的阳光一样毫不掺假。看完这封信，他觉得不忍心迎对他们的目光，似乎自己已经做出什么对不起他们的事。

于是，他就悄悄把这封来信揣进上衣口袋，让它成为一个秘密。

又过了几年，家乡政府部门寄来一份信函，还附有调动登记表，邀请他回家乡工作。

已经把"退路"作了安排的同乡劝他："干了二十多年了，对得起这块地方了，你也该想想退路了。"

县长阿山拜克·吐尔地出面了。

"吴院奖（长）——""奖"字拖着的一声长音，带出柯尔克孜人的幽默，"大地嘛不会白吃英雄的劳动，你是个实干的人，我提你当常务副县奖（长），怎么样？"

他们是老朋友，说话总是这么随意。

吴登云可不会开玩笑："医生只有一个，我还当我的医生，群众需要我。"

阿山拜克·吐尔地呵呵笑了："这就对了好

△ 偏远山区缺医少药，吴登云不辞辛劳，每年坚持外出巡诊，给各族群众送去温暖

兄弟，你回老家的心愿我完全理解，但乌恰更需要你呀。我代表乡亲们恳望你留下来。留下来吧，好兄弟!"

听着这些掏心窝子的话，吴登云还能说什么呢？他是个重情谊的人，乌恰确实需要他啊。那么多人和他情深意切，他怎能拍拍屁股说走就走？再往深里想想，一旦回到家乡，家乡不过添了一个医生，而乌恰就不一样。乌恰需要他带出更多的好医生。

吴登云想起多少年前举起右手的情景，肩头感觉出沉甸甸的。

他再次留了下来。把心也彻底收回来了。

后来，阿山拜克·吐尔地就任州长，依然还挂记着吴登云的事。再怎么说，人是他留下来的，老吴在高原干了30年了，也该活动活动了。他打算让老吴下山进阿图什，担任州卫生局或者州医院的领导工作，阿图什从各方面来说尽管比不上江南，但比乌恰好多了。

想不到老吴没领他这番好意，老吴说："离开乌恰，我的心不踏实。这儿还有好多事没做完，我想继续干下去!"

这就是老吴。

→ 他有长远的想法

★★★★★

　　肩上挑着个院长的担子，吴登云觉得很沉。他身边的人手太少了。多少年来，县医院几乎没进过大学生，偶尔碰上棵苗子，不等屁股坐热也就另寻他路了。他急啊。

　　这一年，医院分来个年轻人，有学历，人也精神。吴登云一见就满心欢喜，不断地为他创造机会，连续送他到大医院进修三次，一心想把他留下来。

　　年轻人还是走了。他是在第三次进修后不久走的，听说是跑到桂林的一个什么地方去了。

这件事很伤老吴的心。医院掏了钱，却留不住人。

　　他的心情很不好。都说人心换人心，这年轻人咋就这么绝情呢？

　　他走出医院，想转一转。其实也没啥可转的，也就是随便走走。看看树，看看山，让心里的不快尽快走开。

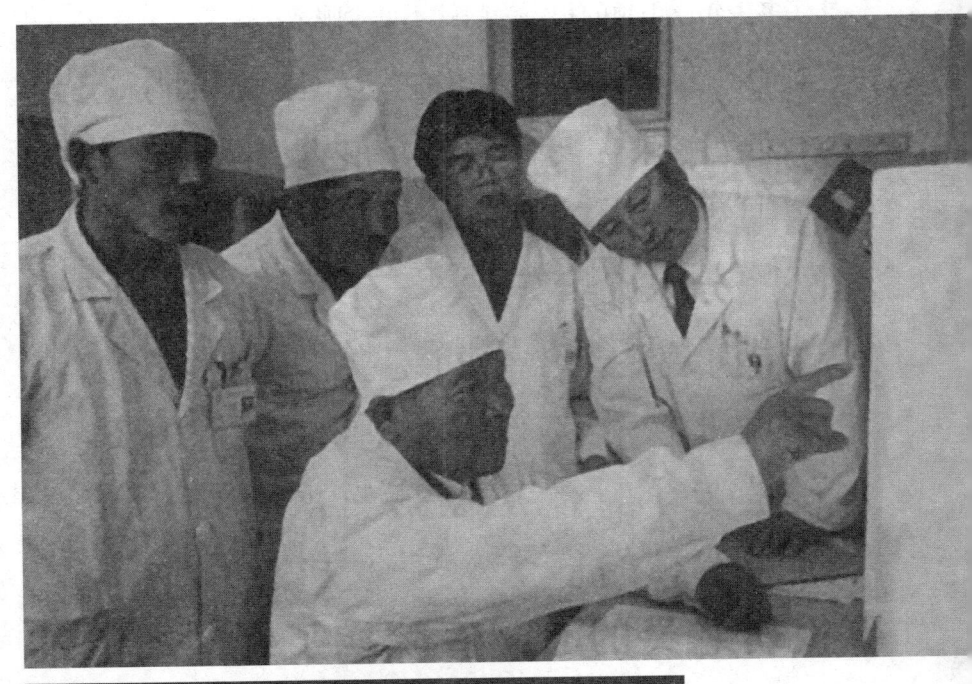

△ 为了实现"十年树人"计划，吴登云精心培育了一批各民族年轻医生

周围的山峰很多，名字都很好听。有的他知道，有的他不知道。北面的那座叫阔克乔阔，柯尔克孜人叫它蓝石峰。西北面的那座叫……阔若木……吉勒尕乔阔，那山有意思，说话有回音，柯尔克孜人叫它回音山。还有库孜洪、喀拉伯克托尔……噢，那是喀什喀苏能乔阔峰，山坡有牧民转场的小道，山谷有常流水，山顶的积雪终年不化……

看看山，他心情好些了。

他的目光重新回到喀什喀苏能乔阔峰，若有所思。雪水流走了多少年，山顶的积雪为啥就不见少呢？

他想到那个放弃了初衷的年轻人，也许他压根儿就不是留在高原的材料。融化的雪水挡不住，想走的人留也留不住，不走的赶也赶不走。

他心里有了一种想法。

这种想法很快变成一个计划。他称之为"十年树人"计划。

→ 从吐尔洪开始

★★★★★

吐尔洪头一次见到吴登云是很多年以前的事。

那时他从州卫生学校刚毕业不久，在乌鲁克恰提乡当卫生员。有一回，吴登云到乡下普查血压，他陪着跑了五六天。小伙子汉语讲得好，还喜欢看书。

吴登云跟他开玩笑："吐尔洪，如果有一天我当了院长，把你调到县医院，你去不去？"

吐尔洪没在意，只当他开玩笑。一转眼就把这话给忘了。

过了几年，有一次吐尔洪进城买药，迎面碰到加帕尔副院长，加帕尔告诉他吴院长正想和你见面呢，他有话说。

吴登云要说的还是多年之前的那句话，问他有什么想法。吐尔洪一听就笑开了：没想法，我来！

"那好！"吴登云有些迫不及待："你回去把家里的事安排一下，尽快来！"

没想到吐尔洪的父亲库吐西不乐意。

也不怪库吐西不通情理，他有两个儿子，还有两个姑娘，吐尔洪是老小。姑娘早晚是人家的，指望不上。大儿子在县城工作，他年龄一大就靠吐尔洪了。吐尔洪再一走，他靠谁去？

那些天，吐尔洪天天到乡政府接电话，吴登云委托加帕尔和苏里坦两个副院长不断催问："你爸爸答应了没有？"

吐尔洪报的都是坏消息："我没办法，可能弄不成了。"

吴登云在一旁支招儿："让你爸爸接电话好不好？"

"那最好。"吐尔洪仿佛又见到一线希望。

这下轮到库吐西往乡政府跑了。

"库吐西大叔，麻烦你了，"电话里传出加帕尔的声音，"吴院长让我转告你，吐尔洪人聪明，也爱学习，到县医院会有大出息。大叔，你可得关心儿子的前程啊！"

句句话都直往心里去，库吐西不再做声，最后答应考虑考虑。

转过天，电话又来了。还是吴登云让加帕尔打来的。

"库吐西大叔，又麻烦你来接电话了。吴院长说，你儿子今天调来，明天就送他去乌鲁木齐进修。不来以后可就没机会了。"

这句话管用，库吐西当即放行。

吴登云也不含糊，吐尔洪报到当天就填了表，第二天收拾收拾，第三天就上路了。

临行前吴登云千叮咛万嘱咐：安心学习，不要牵挂，家里有我们呢。

吐尔洪在自治区人民医院口腔科进修一年，学成归来，马上就进入角色。

此前县医院没设口腔科，除了一台电钻和五六把拔牙钳子外，再无他物。

吴登云说："你作计划，咱们一块儿跑。"

拿上购物清单，吴登云和吐尔洪一块儿跑到喀什，在医药公司看了看，没有他们需要的东西，药品和化学材料都没有。

他们又回到县上。

走进一家私人牙科诊所，吐尔洪的眼睛亮了，这儿一些东西还可以。问他哪儿进的货，他说乌鲁木齐。问他能治什么病，他说口腔病治疗都有把握。

这话引起吴登云注意，他坐下来和这位年轻人又聊了一会儿。

此人叫尚明德，陕西人，70年代只身闯进乌恰，在黑孜苇乡卫生院待过。因解决不了正式工作，他自费到河南漯河市医院进修牙科，学得一些本事又折回高原，开起个人诊所来。此人还有常人不及之处，他懂维吾尔语，还懂柯尔克孜语，他的妻子就是维吾尔族人。

吴登云着实吃了一惊，高原真是藏龙卧虎，这不就是可用之才吗？

遂问他："想不想到县医院来？"

"来呢。解决正式工作我来。"

吴登云当即给了他一颗"定心丸"："工作给你解决，你和吐尔洪把牙科办起来。"

几天后，尚明德把诊所的牌子摘了，走进县医院。经吴登云多次奔走，头一年解决了工人指标，第三年转为正式干部。在送他去一家大医院进修的同时，医院花了两万多元，购进一台牙科综合治疗仪、一台高速涡轮牙钻机。牙科办起来了。

这在高原医疗史上是件破天荒的事儿。先前柯尔克孜人不知牙疼也是病，疼急了大老远跑到喀什去看医生，要镶个假牙就更麻烦了。现在变了，到县医院看牙的人越来越多，有时连阿图什的人也跑过来了。

牙科有尚明德独当一面，吴登云又派吐尔洪二次进修。

吐尔洪不负厚望，在自治区最高医疗学府新疆医学院，潜心攻读一年，回来组建起泌尿外科，这又是高原上的一项空白。此前他只能做膀胱切开取石手术，现在本事大了。他能做普外科的胃大部切除、肝包虫摘除、胆囊切除，也能做泌尿外科的前列腺摘除、膀胱破裂修补、输尿管切开取石，还能做妇产科的子宫侧全切、剖宫取胎、宫外孕破裂修补等较大的手术。常常是吐尔洪主刀，吴院长当助手，每例手术的成功，吴院长都会露出舒心的微笑。吐尔洪从那笑意里读出一种父亲般的自豪，他觉得那是对自己的最高褒奖。

据说，他是县医院唯一的一个泌尿外科大夫，也是国内柯尔克孜族中唯一的一个泌尿外科大夫。

他很年轻，才40岁。

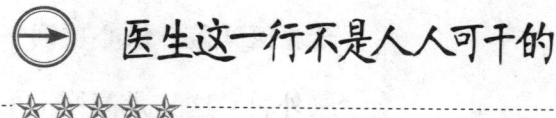

医生这一行不是人人可干的

想起一句古老的哲语：

"……找金子的人挖了很多土，但是几乎没有找到什么。"

"即使你走过了每一条路，你也无法发现灵魂的极限——这就是它的意味深长。"

我是在思索自己所要寻求的答案时，想

△ 吴登云全心全意为各族人民群众服务，也受到各族群众的衷心爱戴，走到哪里都像老朋友一样受到热情接待

到先哲睿话。是啊，什么叫好医生？你能找到答案吗？

似乎隐隐约约觉着医生这一行不是人人可干的。没错，他需要高超医术，但或许更需要一种品质，那就是容忍、责任和仁爱之心。

想到这一层，你心里便会涌出大海般的感动。

有位记者告诉我，去年他随一个采访组来过乌恰，采访过程中他在心灵上受到了洗礼。那天傍晚，记者们准备离开医院时，有个护士在门诊大楼门口堵住了他们。她似乎有很多话要说，可只是激动地掉泪。原来，她最想告诉记者们一句话："吴院长和她女儿都是大好人，我感激你们……"话音未落，就捂着脸跑了。这一句话，让"老记"们呆若木鸡，热泪盈眶。离开乌恰那天早晨，风很大，刮得人睁不开眼。然而，自发来为采访组送行的人，把偌大的县委大院挤得密密匝匝。送行者都没有什么客套话，但眼神里都表露出一个意思：吴登云是好人，希望通过记者能让更多的人知道他。

面对这样的场面，所有的记者，包括司机都忍不住哭了。

其实，从走进高原的头一天起，我就被一种真情浸泡着。

这儿有一种说法：一年一场风，从春刮到冬。那天也不例外，还有点儿冷。在乌恰县城入口处，有一大群人冒着寒风跑出几公里，在这里等候采访团。柯尔克孜族兄弟姐妹恭恭敬敬向记者们微笑，他们端着精美的风味食品请客人品尝，小伙子拉起手风琴，姑娘们唱着动人的歌。歌声和琴声仿佛天籁之音，一下子把人带入美好的境地。

在吴登云常去的吉根乡，听说采访团来了，全乡男女老少身着盛装，云集在牧场。这天比过节还热闹，美味食品不待说，乡亲们还拿出马上角力、摔跤、刁羊等一套传统项目欢迎远方客人。孩子们忘情地跳着叫着，像一群唧唧喳喳的小鸟。还有人在唱歌。人欢马叫，喜庆气氛让草原醉了。

这一切是有意做给什么人看吗？

绝不是。

草原上洋溢着一种发自内心的情愫，它和那种人为摆弄的"花架子"压根儿是两码事，这一眼就能看出。

不用说，他们为了一个人。

在这儿，我碰到从州上来的卫生局党组书记鱼栓民。也是个黑脸汉子，像是刚从煤坑里爬出来。他也在高原上干过。在阿图什生活不少年头了，高原给他留下的肤色还没消退，嘴里冒着一口陕西话。

他和吴登云是"一条战壕的战友"，也是老朋友。为吴登云职称的事，鱼栓民费了很多口舌。倒不是人事部门有什么阻力，一路绿灯，什么障碍都没有。麻烦竟出在吴登云本人身上。

"啥人嘛！"鱼栓民说。

这种口气，我觉得很亲切。是真朋友乃至亲兄弟才会有的那种挚情、那种味道。知道事情真相我才明白，老鱼动气是有来由的。

在州卫生系统职称评定之前，卫生局做过摸底考察。综合各方面情况，对具备申报"正高"资格的人员，大家的意见非常一致，该报吴登云。

这不是好事吗？

可鱼栓民兴致勃勃给吴登云打电话时，电话那头并没有他想象中的兴奋之情，只撂给一句话："我不行，不参加申报。"把鱼栓民"晾"在那儿，半天回不过神儿来。这个老吴，啥人嘛！

好在老鱼知道老朋友的脾性，也就没往心里去。心想找个合适的机会好好跟他谈谈。

过了一些日子，吴登云来州里参加一个座谈会，鱼栓民又找到他。吴登云还是那句话："我觉得条件不够，让别人报吧。"

老鱼有点儿急，但还是耐下心来跟老朋友坦诚相告："老吴，这事就不要谦让了。如果你真不够格，你想要还不给你呢。"

吴登云也很动感情,给鱼栓民掏出心里话:"老鱼，我有多少能耐我知道，当好副主任医师我就心满意足了。"

这期间，州上派人到自治区人事厅汇报工作，听到吴登云的情况时，一位负责职称管理工作多年的厅领导激动地站起来："越是这样的好同志，我们越应当爱护。让他申报，做

他的工作,申报。给他评了,对那些有德有才的人也是一种肯定!"

于是,鱼栓民又专程跑到乌恰,找吴登云。

鱼栓民说:"老吴,你的工作大家有目共睹,你还是报吧。"

吴登云说:"老鱼,我想过了,还是不报的好。你知道我是学外科的,按这个专业的技术水平,我不如大医院同等职称的医生。再给我正高职称,我心安吗?"

鱼栓民说:"老吴,单说外科你可能赶不上大医院的专家。但你是个'杂家',你在妇科、内科、泌尿外科都有一手,论综合水平你不比专家差呀。再说,这不是你一个人的事,如果不报你,让我怎么交待?"

两人你来我往,很有点儿正方反方的意思。这么扯下去谁也不容易被说服。倒是老鱼最后那句话让吴登云心动,这件事太让他费心了,若为这事影响人家的工作,那更不能心安。思索再三,最终他还是点头了。

他又瞄上海拉提·肉孜阿洪

★★★★★

　　海拉提·肉孜阿洪的求医之路要更曲折一些。他父亲肉孜阿洪是黄埔军校最后一期学员，新中国成立前夕国民党溃败之际，他随共产党走上革命之路。后来，他参加过解放西藏，还担任过学校的教官，但他还是给儿子留下个"黄埔"的阴影。

　　那时海拉提正在县羊场接受再教育，赶上上海医学院下来招生。看他汉语讲得不错。招生的人挺感兴趣。结果"黄埔"二字使这事"泡汤"，招生人就跑回阿图什。海拉提一直耿耿于怀，没少在父亲面前嘟

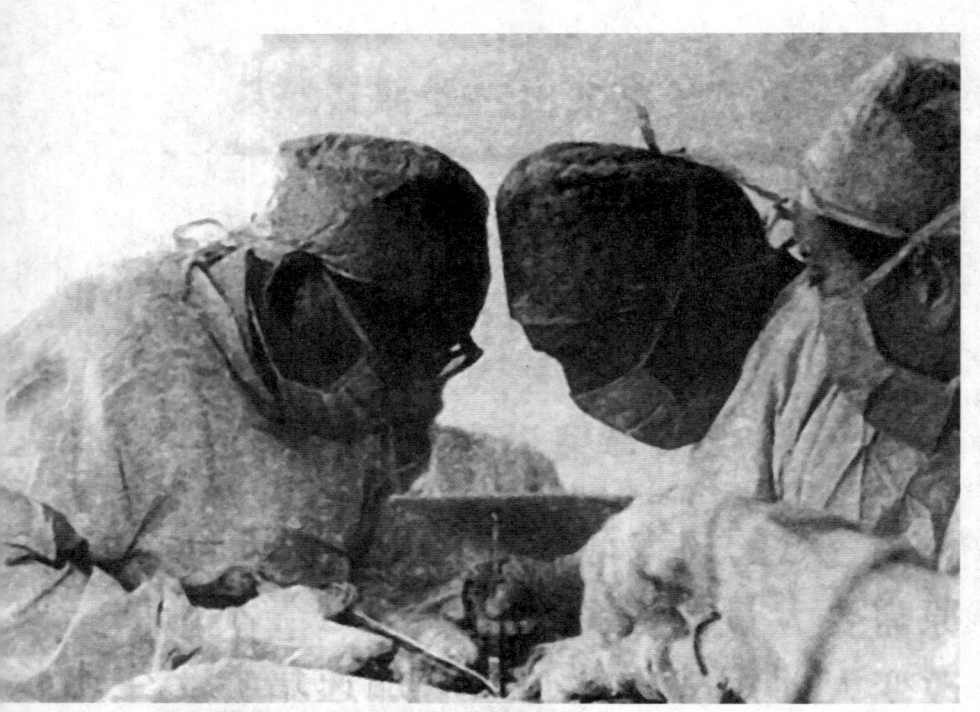

△ 正在实施手术的吴登云是那样的一丝不苟

嚷："你是国民党，我哪儿也去不成啦。"

　　说是这么说，他学医的理想一直还在。后来他上了州卫校，毕业后在巴音库鲁提乡干了两年，就调进县医院。用他自己的话说，刚进医院那会儿也就是"赤脚医生"的水平。让他搞制剂，烧蒸馏水。

这天，路过吴登云家门口，看到那几条狗，海拉提鼓足勇气说出一句话："吴医生，我想拜你为师。你说，我能不能当你的学生？"

确实是"鼓足勇气"，海拉提总觉得自己水平太低，不配说这句话。

没想到吴登云很高兴，问他："你愿意学吗？"

"愿意。"海拉提赶忙点头。

就这样，海拉提成了吴登云的学生。

在医院手术室后面的一间柴火房里，搭上一块板子作手术台，手术就开始了。他们几乎每周进行一次。

当然是吴登云主刀。海拉提要做的是麻醉，固定狗的四肢，腹腔打开后协助拉钩、递器械。

在这间矮小的房子里，海拉提亲眼目睹吴医生做过肠切除、胃切除、子宫切除、肝包虫切除、一侧睾丸切除等多项手术。所有程序都很严格，狗的刀口愈合很快，一般情况下三天即可拆线。

一天下午，吴登云做肺小叶切除手术。这在胸外科来说是大手术。

一切都有条不紊。该扎的血管扎了，该吻合的吻合了，关

胸后，狗还挺好。

吴登云出门时交待把狗照看好，有异常情况随时叫他。

海拉提把屋子收拾停当，随后离开"手术室"。一个多钟头后，他回来看了看，狗还活着。朝它跟前撂一个小窝窝头，还放一小碗盐水，就锁上门下班了。

第二天一早，海拉提推门一看，狗死了。转身跑来报告消息，吴登云当即愣在那儿，脸上布满阴云："怎么死的？"

海拉提没当回事："一条狗嘛，死就死了呗，有啥了不起？"

吴登云马上拉下脸来："海拉提，这就是'病人'！"

说着，吴登云跑到小柴火房又看了看那条狗，此后好多天不见笑脸。

这件事让海拉提很羞愧，也很受震动。从一条狗身上他认识了吴登云，也感觉出一些东西。原先他可没想过那么多。

打这以后，医院送他到外面进修三次，学了 X 光，学了心电图，还进修一年心血管组。很多年后，海拉提还记得吴院长当时的庄严表情。他拉住他的手，目光里饱含着期待："海拉提，咱们这儿是心血管疾病的高发地区，你一定要争口气，把诊断和医疗学到手，就看你的了！"

那种目光让人回味一辈子！

在远离家乡的日子里，寂寞和清苦时常伴随着他，而这时他就会想起那饱含期待的目光。觉得他在背后看着自己，也就不敢懈怠。

直到海拉提成了主治医生，成了内科的台柱子，还挨过吴院长的批评。

那天过节，海拉提喝了几杯。结果让吴登云在值班室发现了。

"你看看，你看看，你哪儿像个医生？"海拉提一见吴院长脸色难看，知道不妙。医院里早就规定工作时间严禁喝酒，他是知道的。心想，这一"劫"是躲不过去了。

吴登云对得意门生果然不留情面。

他先是让海拉提在全院大会上作检查，后又扣除奖金，说"要让他记一辈子"。

这事让海拉提很丢面子，但他想得通。上班时间他再不恋杯了。

→ 他在继续"挖墙脚"

★★★★★

　　吴登云的"树人计划"一直在加紧进行。他很清楚，高原需要大量的医务人才，等是等不来的。要想尽快改变人才短缺现状，只有加速培养土生土长的柯尔克孜族医生。

　　吴登云琢磨人的本事不是一般的，有时不惜使用"挖墙脚"的办法，骨科主治医生吾斯曼就是被这么"挖"过来的。

　　有人告诉吴登云，县上的吾斯曼卫校毕业后直接留在州医院外科，人不错，可以动动脑筋。

△ 吴登云亲手栽种的树木已郁郁成林，正如他培养的柯尔克孜族医生在苗壮成长，他心中充满了欣慰

吴登云就把他瞄上了。

"你回来吧。"吴登云对吾斯曼说："你是从乌恰出去的，你知道咱们多么难。现在还没有骨科，你一来就送你进修！"

这很有吸引力。州医院人多，进修的机会几乎没有。吾斯曼当时就答应了。

可是州医院不放。

有点儿像"马拉松"。从5月开始"磨"，一直"磨"到9月，以把吾斯曼挖出来告终，人一到就送出去了……

可以说，吴登云的努力已经奏效。在一篇报道里，我们可以读到这样的内容："12年来，乌恰县医院先后送26名柯尔克孜族医务人员前往新疆医学院、自治区人民医院、石河子医学院、解放军十二医院等医院和院校进修，其中有的进修过2-4次。现在全院9个科室的正、副主任中，少数民族有7名；3名副院长中柯尔克孜族占了2名……医院柯尔克孜族医生中有12名共产党员。他们都是经过吴登云培养教育，并由他介绍入党的。"

"吴院长像我们的父亲一样。""他是我们身边的'阿克沙卡勒'（柯尔克孜语：德高望重的前辈）。"柯尔克孜族医生用这样的话表达对吴登云的崇敬。

如何面对高原

➔ 妻子也没留住

★★★★★

高原上有条路通往外界。

在这儿待了一些年，后来又顺着原路回去的人当中，有一位女性。她和吴登云生下两个孩子，最终受不了那份孤独，跟人走了，给高原留下一个背影。

吴登云心里明白，这很大程度上怪他。从 1964 年结婚后，她一直没有正式工作，但她很能干。他没黑没白不顾家的时候，她也没闲着。要不到食堂去打杂儿，要不到砖场干临时工，要说挣钱，她比吴登云挣得多。两人分手时，她给两个孩子一人留下一笔钱。

也许，吴登云真的不是一个好丈夫。

经常是晚上刚刚躺下，有人敲门："吴医生……"有时凌晨三四点，有时五六点仍有敲门声。那声音对她格外刺耳。

吴登云不论什么时候，听到有人喊"吴医生"就火烧火燎的，蹬上裤子就往外冲。跟战士听到冲锋号的那种劲头儿差不多。

"医生也得睡觉啊，你不去不行吗？"她多少次这么问他。

"我不去病人怎么办？"

"病人，病人，你跟病人过去吧！"

……

在宁静的高原之夜，在高原人沉入梦乡的多少个夜晚，吴登云就是这么踏上夜诊之路的。

这天黄昏，门诊上慌慌张张进来个柯尔克孜族小伙子，是乔勒村的，说他妻子难产，两三天了生不下来。吴登云说，你先回去，我随后就到。

同事问他："去没去过？"他说："去过。"

"认识路吗？"

"没问题。路我熟。"

他备好药品，抓上药箱，折回家想把枪和行军壶带上。她在家里，似乎要摊牌的那种阵势。

他感觉到了，但要赶紧上路啊，产妇还在等着呢。

她从身后撂下一句话："娃娃你自己管吧！"

他一怔，还是上路了。

女人和男人就是不一样，他想，她总想着让男人守着她，这怎么可能呢？男人有男人的事。作为一个医生，如果看着病人不闻不问，就像没事儿一样，整天和女人厮守着，那还叫什么医生？在高原上滚了这么多年，有个道理他弄明白了，要想当个好医生你就得舍弃很多东西。你是个挣工资的人，每月国家给你一份工资，看到有些病人掏不起药费，你掏出点儿钱来给他垫上，这不是顺理成章的事么？久而久之，她可能也有点儿想法。咱也有家，咱也有孩子，你成天没黑没白的，还贴上钱，这日子过不过啦？

他顺着戈壁滩上那条路走着，开头还有些光亮，走出六七里路，天黑下来。走到岔路口拐了个弯，继续往前走着。

月亮从山后升起来，给群山抹出一道轮廓，很像一排高大的士兵守护着他，他觉得很放心。

约摸着该到小黑孜苇了，那儿有条小河，还有一片树林，过了那儿乔勒村就不远了。

可是，他又转回原先的岔路口。没错，转了几个圈儿，又转回来了。糟糕，马今天也认不得路了。

在戈壁滩上走，夜间跟白天的感觉大不一样，夜间好像大了许多，那么空旷。可能是转迷了。吴登云索性跳下马，让自己冷静一下。

月亮升高了，又大又圆。好像和别的地方不一样。

他试图在脚下辨认着路径和方位，结果是徒劳的，茫茫戈壁灰黄一色，他甚至连路都辨不出来了。

他停下来，听到马"咴儿咴儿"叫了几声。

他清醒了一些。他突然想起附近有片山林很特殊，跟斧砍刀削一般齐刷刷扬起，有一回他巡诊回来，打老远瞧见老马就是这么叫的。一点儿也不错，他想起来了。

他骑上马，顺着山根往前走，走出一阵子，他看到那片山林，也听到狗的叫声。再往前路就顺了。

下半夜他赶到乔勒村。好在产妇没出麻

烦，是产力不够。"两天不给饭吃了。"产妇说。当地有个习惯，生孩子前光给水喝，不给饭吃。

"快找点儿东西给她吃。她没劲儿生啊。"吴登云对男主人说道。吃了点儿东西，又打上葡萄糖和催产素，孩子很快生下来了。

听到婴儿的啼哭，吴登云软得像棉花一样倒下来。他已经二十多个小时粒米未进了。

 ## 另一位女性走进他的生活

★★★★★

妻子走了。

高原没留住她。吴登云也没留住她。

当然不能说她是一个过客，她毕竟在高原上待了十几年，也吃了很多苦，还给他生了孩子。她对高原有自己的理解。她和丈夫走进又没有走进同一片高原。

　　他们分手了。

　　剩下的事情是吴登云自己的。吴忠在外

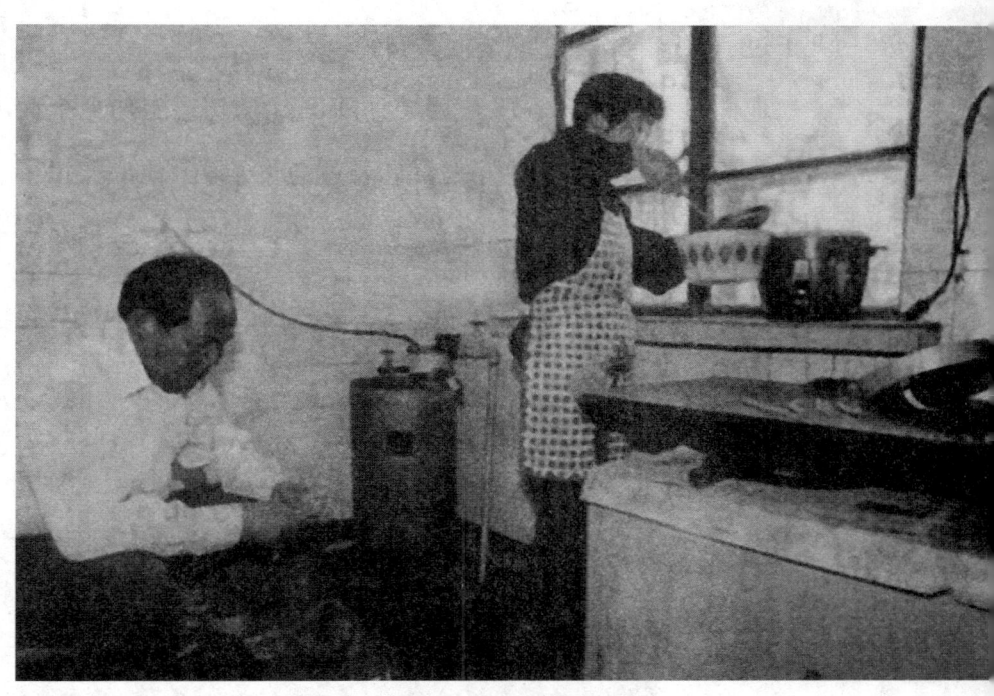

△ 吴登云一心扑在工作上，但只要有空，他还是做些力所能及的家务

边上学，吴燕才12岁。几年里，他和女儿相依为命。

有一年，另一位女性走进他的生活。

她叫杨晓安，是阿图什纺织厂子校的小学老师。她是苦命人，生于湖南醴陵，不到1岁就随父母到了迪化（今乌鲁木齐），父母死于战乱，她在孤儿院待了四年。养父母是小本生意人，不久也先后离世。她从小就没尝过家庭的温暖。师范毕业后她分到阿图什，成了家，生了孩子，不想爱人死于车祸。她带着儿子过了五年。经人介绍，她认识了老吴。

他们只见过一面。那天老吴到阿图什购药，匆匆见个面聊了一会儿，还不到两个小时，老吴就急忙走了。他说家里事多。

一个人要理解另一个人，或许不完全是时间问题。就这一面，杨晓安决定把剩下的时间交给他。

他们结合了。有好长时间他们天各一方。五年后，她告别阿图什，走进高原。

他怎样对待子女

★★★★★

一般人不容易理解，一个钟爱自己事业的人，在想造就一批人的时候，首先想造就儿女的那种心情。

吴登云对自己的三个子女吴忠、吴燕、吴杨晨，都动过这样的念头。

他曾经想叫吴忠学 X 光，吴忠参加招干考试，当了警察。他不太遂意，想给高原添个搞医的。儿子报到的前一天晚上，他还是面对面跟他认真作了一次交谈，当警察免不了抓人，人家说情送礼一定不能收。如此这般，煞费苦心。

大儿子没弄成，吴登云又把心思用在

小儿子吴杨晨身上。上初一的时候，老吴就让他看手术。个矮够不到，老吴给垫个板凳。看到父亲穿着白大褂，儿子特自豪。"不做良相，就做名医。"他常听父亲这么说。他毕业前还真到县医院实习过一年，每天穿上白大褂，还主刀动过小手术呢。他最终放弃做医生的选择，走进卫生局机关，很大原因是为了那句话。父亲的要求太高了，儿子达不到，只好改行。好在没走出太远，还在一条"战线"上。小儿媳妇胡春梅，通过成人高考以优异成绩进入华西医科大，这又成为老吴新的琢磨目标。小胡的父母是乌恰老人，好不容易调出来，不想让女儿再回头。小胡学业未满，后面有什么结局还不得而知。老吴的"算盘"谁都清楚，能"逮"住一个算一个，多多益善。

吴燕成为父亲的影子。

吴家两代仅得一女，老吴视若掌上明珠。加之女儿从医，又格外多出几分珍爱。

吴燕这孩子干事的痴情劲儿，着实有些像老吴。她胆大心细，心肠又好。她做 B 超和心电图，从没出过差错。有时主治医生对一些症状不能确诊，她敢下结论，结果她说对了。

尽管如此，吴登云还是"鞭打快牛"。

医院护士长杜新萍，八年前走出卫校的时候，对某些护理技术还不很熟悉。上班的头一天，吴登云把女儿领到小杜跟前，让她一周内带会铺床、打针、插胃管等 18 项基础护理技术，说一周后检查。

吴燕当时是外科护士，已有三个月身孕。听了父亲的话，她耐心带教，一丝不苟。哪知还是出了漏子。一周后吴登云真的来到外科病房，对小杜逐项考核，一切都过关。最后让小杜给一位 60 岁的病号静脉注射。本来技术就不太过硬，加上院长站在跟前，小杜有些心慌，连扎了两针才找到血管。

吴登云把严厉的面孔留给女儿："你是怎么带教的？下来后要认真教小杜，明天我还要来检查。"

小杜听了很惭愧，吴燕这是代她受过呀。下班后她留下来，拿起注射用棉垫反复练习。

吴燕也没走，挨了父亲的批评她反倒安慰小杜："都怪我教得不好。你光在棉垫上练掌握不好深浅，来，在我胳膊上扎吧。"

小杜正犹豫呢，吴燕已挽起袖子，把胳膊伸到她面前。小杜小心翼翼拿起针管，越小心就越发慌，连扎三针都没扎上，直到第四针才扎进血管。吴燕说："我疼点儿没什么，咱当护士的一定要练好基本功！"

第二天吴登云又来了，小杜很争气，"一针见血"。

他心痛的一天

★★★★★

1997年5月23日，是吴登云心痛的一天，这天他失去了女儿。

吴燕是在护送一位柯尔克孜族民警去乌鲁木齐会诊，返回乌恰途中出车祸的。凌晨3时42分，她的表针永远停留在那一刻。

吴燕正在轮休，本来可以不出这趟差。县公安局希望医院派一名有经验的护理人

△ 吴登云的女儿吴燕。她在一次护送病员去乌鲁木齐治病返回途中，不幸因公殉职

员，吴登云考虑再三，决定把这件又苦又累且担责任的差事交给女儿。

"燕子，新疆医学院你熟悉，我想还是你去好。"父亲爱怜地看着女儿说。或许是"搅"

△ 吴登云看到女儿吴燕生前献血抢救过的双胞胎幸福成长，露出了欣慰的笑容

了女儿的休假有点儿不忍心，吴登云便又叮嘱："燕子，你把病人安排好，任务就算完成了，就回石河子看看公婆，在那儿休息几天。"

吴燕撂下孩子，当天护送病人起程了。

风尘仆仆三千多里路，到了乌鲁木齐吴燕又跑东奔西，托人求友，很快办好了入院手续。病人家属拉着她不松手，不知怎么感谢才好。

吴燕说："都是乌恰老乡不用客气，这是我应该做的。"

她给病人家属留下一个电话，那是公婆邻居家的电话。再三说："有事尽管找我。"

入院后没几天，专家确诊病人为肾腺癌晚期，院方建议尽快返回准备后事。

病人家庭举目无亲，想想回去的路头都大了，她想到吴燕，哭着给吴燕打了电话。

没啥说的，吴燕从石河子匆匆赶回乌鲁木齐，陪护病人踏上归程。

此前，她的随身物品已放在州办事处的另外一辆车上，是县医院的车。她感觉这个驾驶员不太行，但为了病人，还是把东西卸下来，坐到这辆车上。

距乌鲁木齐越来越远了，离县城越来越近了，凌晨3点多钟，还剩下最后109公里。驾驶员已极度疲劳了，但还强打精神想赶回去。

车祸就是这么发生的，他撞上了停在路边的一辆卡车。他没事儿，吴燕走了。

噩耗是凌晨6时传来的。吴登云握着话筒发呆。他不肯相信这是事实。他给阿图什的小儿子吴杨晨打电话，催他赶快到州医院看看姐姐，看她到底发生了什么事。

事实是残酷的，女儿走了。

吴登云直挺挺地倒在床上，一天滴水不进。人痴痴傻傻的，不住地喃喃自语："这孩子怎么就不见了呢?"

如何面对高原

消息传出，高原呜咽。闻讯后，人们从四面八方赶来致哀，面对吴燕的遗像痛哭失声。

一位得到过吴燕输血的柯尔克孜族母亲号啕大哭，痛不欲生："为什么不让我去死啊，为什么让你走啊……"

人们发现，在遭遇晴天霹雳的顷刻间，吴登云老了。他的影子没了，他失去了一件不可替代也无法复制的珍品，今后他只能在记忆里寻找她的踪影……

吴燕给他留下了一个外孙。那个稚嫩的声音，时常从千里之外爷爷奶奶家传过来："外公，妈妈为什么不来看我呀？"

怎么跟孩子说呢？他含泪编出一个童话，妈妈去很远很远的地方了……

送走女儿的第二天，吴登云就出现在工作岗位上。

他的宏伟计划还包括"十年树木"

医院要成为花园

吴登云的宏伟计划里，还包括着"十年树木"。他心中有一幅蓝图，县医院不仅要人才济济，还是一个赏心悦目的花园。

突如其来的一场天灾，使他的计划搁浅。

这是指1985年8月23日晚间发生的那场大地震。那是个可怕的晚上。大地在发抖，县城彻底毁了，当然包括医院在内。中央的领导、自治区的领导来了，解放军官兵也来了，帮助他们抢险救灾。

乌恰是个高原小县城，但震后的景象也是惨不忍睹。到处是房倒屋塌的断壁残垣，水泥电线杆被拦腰折断。有数的那几座楼房，不是半边坍塌就是龇牙咧嘴，连路旁的杨树也被震得东倒西歪。老百姓从震后的瓦砾中刨出一些实用的家什，堆放在露天地里，他们还得生活下去呀。

财产的损失就不说了，震后首先要解决的是伤病员的抢救、人员的安置、流行病的预防，这时最需要的就是医生。

县城有 20 人死于这场灾难，还有更多的受伤者。

有句老话叫"路遥知马力，日久见人心"。一个人精神境界的高低，在平时大家都做大体相同的事时，似乎是要通过时间来认识。但到了关键的时候，就那么几下子，好坏高低就出来了。这场大地震，几乎把乌恰县夷为平地，后来的报道说是 7.4 级，震级仅次于当年唐山的大地震。

郑月亭那时任克孜勒苏柯尔克孜自治州卫生局办公室主任，灾情发生后随州里的医疗队赶往乌恰。他与吴登云是老熟人了，那时吴登云已是乌恰县医院的院长。

去乌恰路上郑月亭还在想，发生这样大的灾情，医院的任务重，吴登云的担子可不轻。可是县医院也在灾区，那些老房子肯定抗不住震。医护人员有没有伤亡？吴登云情况怎样了？想到这些，郑月亭觉着心里没着没落的，想着早点儿见到吴登云。

虽说是奔救灾来的，有了心理准备。但真见了震后的乌恰，还是让郑月亭倒吸一口凉气。乌恰县医院当然也不能幸免，老房子大部分倒塌，剩下的也是掉顶裂口子。唯一比较完好的是医院那幢还没竣工的门诊楼，可也是遍体鳞伤，让人看着都悬，更别说往里安置病人了。

医院里满院子支着帐篷，搭着防震棚。穿着白大褂的医护人员来来往往，一个个都是神情紧张，时不时地还有伤员被抬着往这儿送。看来医院的工作还在正常运行，这个老吴还真是不含糊。

但是要见吴登云还真让郑月亭费了点儿周折。

问了好几个地方，都说是刚才见到过吴登云，这会儿又到别处去了。好像什么地方都有吴登云，什么事他都在操心。

郑月亭最后找到了一座作为临时病房的帐篷，里面躺着的、坐着的尽是伤员，几个医务人员正忙着给伤员清洗血污、包扎、输液，真有点儿像电影上战地抢救所的样子。

在忙乱的人丛中，郑月亭看到了一个熟悉的身影，那人背对着他，弯着腰，正给一个被砸得血肉模糊的伤员做口对口的人工呼吸。凭直觉，郑月亭觉得这人就是吴登云。再看伤者身上盖着个崭新的深灰色短大衣，郑月亭也觉着眼熟。仔细一想，这不是吴登云的那件"礼服"吗？不久前老吴到州上开会，穿的正是这件衣服。

过了七八分钟，伤者有了微弱的呼吸，吴登云才直起身来，一头的汗水，满脸的疲惫，说话的声音都有些嘶哑。

郑月亭本想劝吴登云歇一会儿，可一时又没顾上。老朋友见面，没说上几句话，又各自忙着抢险救灾的事去了。

这天晚上，一阵狂风过后，下起雨。边城的雨不像南方那样，像天上往下倒水。可是点子大，下得猛，而且一下雨，气温骤降，寒气逼人。

泥水中吴登云冒雨奔来跑去，四处忙乎着。一会儿招呼人加固帐篷，一会儿指挥人挖沟排水，转移病人。他身上只穿了一件衬衣和一件白大褂，雨水一淋，全湿透了，像一块湿布贴在身上。听得出，他喊话牙齿都在打颤。

不知怎么，看着雨中的吴登云，郑月亭一下子就想到了跳进泥灰浆中奋力搅拌的铁人王进喜……

那是个让人难忘的夜晚。

新县城是转过年开始兴建的，在一览无余的戈壁滩上。医院搬家那天，好多人惊叫起来：妈呀，这是什么地方啊？牛头大的石头满地都是，大风刮来飞沙走石，呛得人连气都喘不过来。

在这片荒瘠无挡的不毛之地，吴登云的梦想又复活了。

首先要好好种树。他说。在这儿种很多树。

刚把家搬到戈壁滩上，很多人的情绪都很低落，听到他这么说，好像雪上加霜，全凉了。他说："只要我们不害怕劳动，什么东西都可以改变。"

他带头弯下腰去，把一块一块大石头抱走，

他的宏伟计划还包括"十年树木"

集中到一个地方。这项工程费时费力，也很麻烦，一些人起初弯不下腰，看到他动了真格，也就跟着干开了。

清走石块，开始挖沟。这是老吴绞尽脑汁想出的办法，一来是适合大面积种植，二来便于浇水能确保成活。

挖沟就更不易了，铁锹压根儿就不行，要用十字镐。一镐下去，金星四射，把两条臂膀都震木了。有人掉泪了，有人说怪话了。

老吴对大家说："你们吃苦了我知道，这是给咱自己干啊。等树长起来咱们舒坦，病人也有个好心情。再说了，种多少棵我老吴带不走一棵，还不是给后人留下的？"

听了这番肺腑之言，众人再没啥好说的。本来嘛，院长年过半百了还在和大家一起干，人家图个啥？啥都不说了，干吧。

不怕慢，就怕站。劳动确实是个好东西。经过大家的苦干，一条条树沟挖出来了。紧接着要运土，要从七八公里以外的老城把土拉来，填进沟里。开始只有拖拉机，后来有了汽车，年年挖沟，年年拉土，土方量达 3500 立方米，相当于搬回一座土山。

高原上的无霜期短，才一百多天，4月是黄金季节。

在黄金季节里，头一年吴登云率大家种下 3000 多棵树。

在这之前，他就琢磨水的事情了。

他打听了一下行情，专业规划设计请不起。想来想去还得自己干。

他带上几个人，提上一把水壶和几十米长的输液管，从水源地开始往下测量。把水注入输液管，远远地扯直，找出水平。一段一段地走，一段一段地测，而后划线挖渠。整整挖了七八个月，水通了。

水到之处，滋出一片片绿荫。

这件事感动了一位柯尔克孜族老汉。他叫哈吾力·沙尔太克。种树那些日子，他正在住院。吴登云讲的那些话，他听了很受触动。一个汉族人能那么干，我们土生土长的柯尔克孜人还有什么理由不干呢？他这样想。

结果，一出院他就买回几百元钱的树苗，和老伴两人在住宅附近的荒地上摆开阵势。头一年种下上千棵，几年下来居然达到4000多棵。

△ 乌恰县是国家级贫困县，又处在高寒缺氧的艰苦环境中，吴登云带领全院干部、职工，挖渠引水，拉去砾石，运来沃土，在医院院内植树

他的宏伟计划还包括"十年树木"

他还悟出一些催树之道，头两年他看出厕所附近树长得好，之后他把厕所年年搬动，树果然不同凡响。州上还来人参观呢。

老汉每天像吴登云那样，背着手在树林里转一转，看一看，活出一番滋味来了⋯⋯

吴登云加快了绿化的步伐，现在医院门诊和病房的四周已高树成林了，他又把目光伸向家属区及医院外部。十年来，县医院植树总量达 4.2 万棵。

这种精神极大地鼓舞了乌恰人绿化家园的劳动热情，在县委、县政府的精心组织下，近两年来，乌恰涌起植树造林的热潮。

 他的歌还没唱完

☆☆☆☆☆

4.2 万棵，整整一个军团，4.2 万个活脱脱的生命。巧得很，这个数字刚好和乌恰县的人口数目相等。

我听到一首歌，是唱给吴登云的。高原上的许多柯尔克孜人都在传唱：

> 永远深爱人民，
>
> 从未亏过人心。
>
> 你是我们生命的守护神，
>
> 对你，我们感激不尽。
>
> 愿你这位白衣圣人永远健康长寿！

歌声最容易沟通不同民族的人们。只有质朴的人群中间，才会唱出这种歌。他们渴求生命，渴求健康，这最重要的两样东西，有一个人同时送给了他们。

一个治病的人爱种树，一个种树的人治好了很多病人，多么好的两件事啊。

其实，他一直在做着一件事，善待生命。他的全部爱心都在这儿。

他当了14年县医院院长，8年县政协副主席、县人大副主任，他最看重的还是这个院长。在医院3.2万平方米的空间里，除了大片大片的树林外，他还亲手设计了二十九个花池、两座凉亭、一个喷水池、一个鱼池。块块草地像一块块绿毯，紫花苜蓿、蒲公英、节节高、地雷花、满天星、月季都在这里安家，姹紫嫣红，争奇斗艳，成为高原上的一道风景。

相比之下，他的小家就显得寒酸多了，三间平房几乎没什么摆设，几件家具还是 70 年代的物件。

他的心思不在这儿。

经常是饭菜热了好几遍，还不见他回来。有一回孩子在路上看到他，他正在埋头捡一块一块小石头，孩子不解。"病人摔倒了怎么办？"他说。为了让他早点儿吃上饭，全家人陪着他把一路的小石头都捡干净。

对那些树，他也有操不完的心。见一些树有伤口，他便找来塑料袋一一包好，或者往伤口上抹点泥巴。他说："树就像病人和孩子，需要精心护理。"

结果，那天他自己倒下了。

他的阑尾犯病好多天了。见他整天忙忙活活，谁也没有留意他在抱病工作。当给一位病人做完手术后，他捂着肚子蹲在走廊上，疼得满头是汗。这才"露馅"了。

老伴数落他："你老这么扛着能扛到什么时候？把病治好了，不是还多做点儿事吗？"

女儿吴燕也不饶他："爸，病人可不能没有你。你垮了，病人怎么办？"

吴登云这才上了手术台。

第二天是八一建军节，事先县里安排吴登云负责去铁列克乡慰问部队，听说他动了手术，就在人员安排上重新调整了一下。

没想到老吴准时赶来了。大家都呆了，一时不知说什么好。

吴登云说："一点儿小毛病，没有什么，我可以去。"

这时，吴燕哭着跑来了。她不由分说把老爹拽回医院。

"院委会"作出特别决定，指派吐尔洪医生对其"严加管护"。

吐尔洪还是很尽心的。他知道老院长这些年操心劳累，太需要静心休息，查房时他聊了一会儿就出来了。

又看了几个病房，吐尔洪转身回来，老院长不见了。他心想，可能去厕所了。过了一会儿，仍不见人。

吐尔洪纳闷，人上哪儿去了呢？楼上楼下找了一遍，不见踪影。莫非回家了？他把电话打到吴登云家。老伴说："老吴在医院住院呢。"

吐尔洪有点儿慌了，赶紧叫上值班护士，几个人分头寻找。结果还是没找到。

正在犯愁呢，医院总务科的任德金来了，他找吴院长说事。

任德金也觉得奇怪，这么晚了，他能上哪去呢？蓦然他想到了一个地方。白天吴院长跟他提起给树浇水的事，莫不是放心不下又到林带去了？越想越有可能，任德金说："赶快去找，他肯定浇水去了。"

他的宏伟计划还包括"十年树木"

当下几个人分成几路，从不同方向奔向院内院外的一片片林带，顺着"哗哗"流水的水沟，果然找到了他。

月光如银。树影下吴登云正在用铁锨清理水沟里的杂物，裤角被泥水打湿了，人到跟前他竟没有察觉。

吐尔洪不高兴了："吴院长，你咋不打招呼就到处乱跑？刀口感染了咋办？"

吴登云笑了笑，说："没事，我有数。白天水紧张，咱不能跟人争，晚上抓紧点儿，树就有水喝了。"

"好啦好啦，赶快回病房吧，已经大半夜了。"说着，吐尔洪上来搀他。

吴登云还不想走。他说听听水声，看看月亮，看看小树喝水，比在病床上待着强多了。

吐尔洪拗不过他。直到吴登云伴着月光把想干的事情干完了，才回到病房，这时已凌晨2点多。

我们在林带里走着。本来心里有很多话想跟老吴说，不知为什么一见到树，觉得说什么都是多余。多好的树啊，看着想哭。情到真处，哭和笑就很难区分。看到绿树如画，耳边似乎轻荡着《田园交响乐》，深邃平和的节奏像把身心刷洗了一遍，透身舒畅。潮湿的草地上散发着清香，人们在歌唱，空气里弥漫着甘美和恬适。这不是人人向往的自然之美吗？

"有件事我一直想了好久，"吴登云停下来，指了指路边的

△ 吴登云用他三十多年的实践，印证了自己的信念，做一个白求恩式的医生

　　几排树，"你看这些树长得好，还有靠墙边的树也长得好，离人远的那些树长得就不好，好像不是同一年栽的。"

　　我好生奇怪，转了转果然如他所说。

　　"可能是人气的原因。"他说，"和人隔得

近些，人每天看看它，关心它，给它二氧化碳，它就长好了。那些远的就捞不着。可能是这么回事。"

显然，他还为这事困惑。

我忽然想到水渠上看看，老吴乐意随我一块儿去。我陪他走出医院那片郁郁葱葱的园林，在荒野的渠坎上朝前走。没有路，深一脚浅一脚十分难行。猛不丁我被什么绊了一跤，瞅一眼是块石头。刚想迈脚的那一瞬间，我禁不住又瞥了一眼，这一瞥有些感觉。拎起挺沉，翻过另一面感觉蹊跷，活脱脱一只手的化石，当然说脚也可以，反正形状差不多。这"化石"黛青色，不仅形状酷似，连筋骨和血脉也天然逼真。

我心有所动，这莫非是高原之神给我的某种暗示？

抬头一看，老吴已走出一截。远山的落日又大又红，透过灰黄的旷野，衬出他那敦实的身影，他还在向前走着……

有关未尽的话题

悬壶济世非自吴登云始，他不是第一个，也不会是最后一个。当是前有古人，后有来者。吴登云是行医楷模，也是一个普通人。他能做到的，别人也能做到。可当下做一个好医生怎么那么难呢？

我身边有位医生，就给我留下许多感慨。

她是消化道专家。从医学院毕业迈进医院大门那天起，她从未改变要做个好医生的初衷。在行医生涯中，他首先想的是患者。可以说，别的医生动辄开个三千五千不算啥，她没有。她经常为了给病人省点儿钱，开上处方让他到街上的药店买药。她往往甚至不开药，给病人一些食疗的建议。久而久之，患者对她的口碑越来越好，奇怪的是她给医院留下的不满却越来越多。

为此，我曾经写过一篇稿子，篇名就叫《医生》。遗憾的是这篇东西转了几家杂志都没发出来，说是怕惹麻烦。看来缺失基本职业道德和操守的不光在医界，连号称"人类灵魂工程师"的文学界也不例外。

是的，医生也生活在大千世界，时时要面对很多诱惑。这是谁都无法否认的。但医生就是治病救人，不然其使命何在？

这或许正是吴登云的价值所在。他是一面镜子，不同行业的人都可以在他跟前照照自己，看看自己缺失什么。

相信内中答案不难找到。

/100位

新中国成立以来感动中国人物／

丁晓兵　马万水　马永顺　马恒昌　马海德　中国女排五连冠群体

孔祥瑞　孔繁森　文花枝　方永刚　方红霄　毛岸英

王　杰　王　选　王　瑛　王乐义　王有德　王启民

王进喜　王顺友　邓平寿　邓建军　邓稼先　丛　飞

包起帆　史光柱　史来贺　叶　欣　甘远志　申纪兰

白芳礼　任长霞　刘文学　刘英俊　华罗庚　向秀丽

廷·巴特尔　许振超　达吾提·阿西木　邢燕子　吴大观

吴仁宝　吴天祥　吴金印　吴登云　宋鱼水　张　华

张云泉　张秉贵　张海迪　时传祥　李四光　李春燕

李桂林和陆建芬夫妇　李素芝　李梦桃　李登海　杨利伟

杨怀远　杨根思　苏　宁　谷文昌　邰丽华　邱少云

邱光华　邱娥国　陈景润　麦贤得　孟　泰　孟二冬

林　浩　林巧稚　林秀贞　欧阳海　罗映珍　罗健夫

罗盛教　草原英雄小姐妹　赵梦桃　钟南山　唐山十三农民

容国团　徐　虎　秦文贵　袁隆平　钱学森　常香玉

黄继光　彭加木　焦裕禄　蒋筑英　谢延信　韩素云

窦铁成　赖　宁　雷　锋　谭　彦　谭千秋　谭竹青

樊锦诗

图书在版编目（CIP）数据

吴登云 / 矫健著. — 长春 : 吉林文史出版社,
2012.6（2024.5重印）
（100位新中国成立以来感动中国人物）
ISBN 978-7-5472-1088-8

Ⅰ．①吴… Ⅱ．①矫… Ⅲ．①吴登云－生平事
迹－青年读物②吴登云－生平事迹－少年读物 Ⅳ.
①K826.2-49

中国版本图书馆CIP数据核字(2012)第135808号

吴登云

WUDENGYUN

著/ 矫健

选题策划/ 王尔立　　责任编辑/ 王尔立 李洁华 马华 任玉茗
装帧设计/ 韩璘

出版发行/ 吉林文史出版社

地址/ 长春市福祉大路5788号　　邮编/ 130118

电话/ 0431-81629363　　传真/ 0431-86037589

印刷/ 天津海德伟业印务有限公司

版次/ 2012年8月第1版 2024年5月第5次印刷

开本/ 640mm×920mm 1/16

印张/ 9 字数/ 100千

书号/ ISBN 978-7-5472-1088-8

定价/ 29.80元